朝日新書
Asahi Shinsho 918

「深みのある人」が やっていること

齋藤　孝

朝日新聞出版

はじめに――「深み」というフロンティア

私にとって、印象深い写真があります。フードですっぽりと覆った中に、日焼けまたは凍傷で黒くただれた顔。そこが厳しい環境下であることは、すぐにわかります。しかしその表情は満面の笑顔で、充実感と幸福感にあふれている。冒険家・植村直己さんを捉えた写真です。

少し前の話ですが、明治大学が2001年に創立120周年を迎えたとき、私は学長室のスタッフとして記念行事の広報活動に関わりました。この写真にすっかり魅了された私は、植村さんが明治大学のOBでもあることから、新聞広告や電車の中吊り広告に活用させていただきました。

キャッチコピーは「明治ですから!」。明治の学生やOBには、こういう偉大な先輩がいたことを誇りとし、常に冒険心を失わず、どれほど過酷な状況でも柔和な笑顔を絶やさないような、器の大きい人間になってもらいたい。そんな願いを込めた覚えがあります。

植村さんの笑顔を見て、誰もが抱く印象は「深みがある」だと思います。多くを語らなくても、その表情自体が履歴書になり、人々から尊敬を集める。中高年にとって、ある種の理想像ではないでしょうか。

ではどうすれば「深み」を獲得できるのか、そもそも人間の「深み」とはどういうものか。本書で考えてみたいと思います。

年齢を重ねるにつれ、若い頃のような体力を維持することは難しくなります。あるいは体力だけではなく、人の名前を思い出せなくなったり、ＩＴの急速な進歩について行けなくなったり等々、脳の衰えも感じるようになります。

では人生の中盤以降が下り坂一辺倒なのかというと、けっしてそうではありません。なぜなら、むしろ年齢を重ねないとたどり着けない広大な〝フロンティア〟が残されているから。それが「深み」です。

「深みにハマる」といえば聞こえは悪いですが、例えば「深みがある人」「深い話ができる人」「洞察が深い人」「ピンチに立っても思慮深く対処できる人」等々なら周囲から一目置かれます。年齢相応に、そう思われるに越したことはありません。

では、自分に「深み」はあるでしょうか。そう自問してみると、おそらく多くの方は「よくわからない」と答えると思います。それもそのはずで、「深み」は自己評価の基準にさほどなっていなかったからです。

自分の深みはわかりにくくても他のものの深みはわかります。

一般的に「深み」で評価される対象は、大きく2つあります。

1つは、芸術、思想、学問などの文化。

もう1つは、総合的な人間力。自分が知らなかった次元や角度で状況を分析してくれたり、経験や知識に基づいたアイデアを提供してくれたりしたら、その人に「深み」を感じると思います。

深みをわかる力と、深みのある人間になることは連動しています。世の中にある「深み」の価値がよくわかっているから、日常会話やビジネス上の判断などにおいても「深み」がにじみ出る。逆に世の中の上辺だけを見てわかったような気になっていれば、言葉もつい軽薄になる。この関係が崩れることはありません。

だからこそ、「人生の年輪」が大切なのです。若い人より長く生きている分、経験や知識の量は豊富なはず。世の中の何たるかも、酸いも甘いも、どこに「深み」があるかも、ある程度はわかっていると思います。

しかも、その「深み」を知ること自体、人生最大の喜びになり得ます。イギリスの哲学者・数学者で「20世紀最高の知性」とも称されるバートランド・ラッセルは、有名な『幸福論』の中で、世の中に興味・関心を持ち続けることが幸福の道であると説いています。たしかにそのとおりで、例えば「○○に造詣が深い」「○○に触れているだけであっという間に時間が過ぎる」「○○について一家言ある」といった人は、分野を問わずに楽しそうに見えます。

まして中高年の場合、仕事の第一線から退くとすると、興味・関心のある分野にかけられる時間が増えます。知識や情報は本やネットで簡単に手に入れることができるので、体力の衰えもハンデにはなりません。

経験したいことの「選球眼」も成熟してきて、若い時よりムダが少ない。

加齢に伴うネガティブなイメージは、「深み」の探求によって一気にポジティブへ転換できるのです。意欲さえあれば、存分に〝深掘り〟を楽しめる。しかもどんな分野であれ、掘れば掘るほどますます興味・関心が湧き、もっと掘ってみたくなる。

私が「深み」こそ人生の〝フロンティア〟と考える理由は、ここにあります。

97歳まで生きたラッセルも、『幸福論』を書いたのは58歳のときですが、「年々年をとるにつれて、ますます生をエンジョイしている」という言い方をしています。

そして先の〝連動理論〟にしたがえば、世の中の「深み」を知る人は、世の中からは「深みがある人」に見える。「人生100年時代」と言われて久しいですが、これこそ長い人生を楽しみ、世の中と折り合いをつけるための決定版ではないでしょうか。

本書は、今まであまり取り上げられなかった人間の「深み」について深掘りしてみます。自分の「深み」に気づき、そこに希望や生きがい、多幸感などあらゆるポジティブな要素を見出《みいだ》せることを、願って止みません。

「深みのある人」がやっていること　目次

第2章 苦い経験が「深み」を作る

第3章　読書＋アウトプットで教養を深める

第4章　「深み」は細部と反復に宿る

第5章 「継承」の尊さを理解する

第6章　「深い人」に見られるための処方箋

第7章　あの人の言葉には、なぜ「深み」があるのか

図表作成／師田吉郎
編集協力／島田栄昭

序章

データ化できない「深み」の世界へ

「深みのあるもの」をいかに味わうか

例えば、どこかの茶室に案内される機会があったとします。

「入り口が小さい。室内が狭い。笑える」という感想しか持てない人と、「異世界に来た感じ、心が落ち着く」と感嘆したり、「この構造の一つ一つに意味がある」と先人の思いを追体験できたりする人とでは、どちらが人生を楽しんでいるように見えるでしょうか。

茶道に詳しくなくても、日常にほとんど支障はありません。恥をかくこともまずないし、下品な言い方をすれば経済的な損得もほぼない。知らないまま生涯を過ごしたとしても、何ら悔いることはないでしょう。

しかし少しでも知っていれば、茶室や茶道具や作法に触れたときの感じ方が違ってきます。さらに知れば知るほど、感動も大きくなる。その感動をどこまで味わえるかが、私は人間の「深み」だと思います。

もちろん、茶道にかぎった話ではありません。2022年末、私はプロボクシングの井上尚弥選手による四団体王座統一戦を有明アリーナで観戦しました。注目を集めた一戦だっただけに、ふだんボクシングを見ない人も興奮し、歓喜したことと思います。

私も武道を学んだ経験はありますが、ボクシングの実戦経験はありません。しかしナマで観戦できる機会に恵まれた以上、できるかぎり事前に知識をインプットしました。井上選手はなぜここまで強いのか、どういうマインドを持ち、何を目指しているのか。そもそもボクシングの試合で勝負を分けるものは何か。

今は何かを調べようと思えば、瞬時にいくらでも情報が集まります。その結果、例えば井上選手は秒単位の技術で他の選手を圧倒していることを知りました。それを習得するためにどれだけの練習量を積んできたのかは、想像に難くありません。

いろいろ調べましたがYouTubeの「ボクシング解体新書」チャンネルは、とりわけ解説が細部にわたり深みがあり、おすすめです。

また、井上選手のお父さんであり、コーチの井上真吾さんの『努力は天才に勝る』

（講談社現代新書）は、教育書としても実にすばらしい本でした。こういう予習をしたおかげで、私はもはや井上選手を他人とは思えなくなりました。応援するというより、世界最高峰の技術を見せてくれることに感謝するという感覚です。いわば井上選手という「深み」にハマったわけです。

有明アリーナの観客が求めたのは、単に勝つことではなく、四冠王座統一という歴史的瞬間を見届けることでもなく、井上選手の磨き抜かれた一挙手一投足を見逃したくないという思いだったのではないでしょうか。いずれにせよ、幸福な時間を過ごしたことは間違いありません。会場がスポーツイベントを超えて異様な熱気に包まれたのは、その何よりの証拠です。「深み」は「熱さ」に直結するわけです。

「予習」は「深み」と「熱さ」をもたらしてくれます。

世の中には、「深み」のあるものが無数にあります。文化や芸術をはじめ、スポーツや学問、あるいは日常にあふれる商品やサービス、ふだんのコミュニケーションの中にも、それぞれ背景や物語が潜んでいるかもしれません。

それらをどれだけ深く広く感じ取り、味わうことができるか。やや大げさに言えば、それこそ人生の目的であり、人として生まれたことの喜びではないでしょうか。またその喜びを知っている人ほど、周囲からは「深みがある人」と見なされて、尊敬を集めたり、影響力を持ったりするのだと思います。

そのための道案内になればとの思いから書いたのが、本書です。

「浅さ」全盛の時代だからこそ「深み」が必要

私が「深み」を強調するのは、昨今の風潮に対する危機感でもあります。浅いもの、軽いものが求められ、「深み」のあるものは無視されたり、排除されたりする傾向が強いのではないでしょうか。

例えば「〇〇が健康にいい」という情報が広まると、翌日のスーパーからその商品が一気に消えたりする。別にそればかり食べていればいいわけではないし、むしろ食べ過ぎれば弊害があるかもしれないのに、そこまでは考えない。とにかく表層的な情報に流されやすい気がします。

一方で、私たちは「深み」に対する憧れや畏怖もあると思います。例えば茶道やボクシングに造詣の深い人がいれば、自分の好みは別として一目置くでしょう。その人が熱く語ったり、こちらの質問に即座に答えてくれたり、トリビア的な知識を教えてくれたりしたら、素直にかっこよく見えるはずです。自分も何かについて熱く語れるような「深い人間」になりたいと、心のどこかで思っているのではないでしょうか。

ところが現実には、次々と入ってくる情報の処理に忙殺されて、つい「深み」のことを忘れてしまう。これは、ネットの利用と無縁ではないでしょう。例えばＬＩＮＥでのコミュニケーションは、徹底的に軽さが求められます。できるだけ短い言葉で、メッセージだけ伝え合う。そのやり取りに時間を取られると、必然的にものごとを深く考えたり学んだりする機会は減ります。

あるいは、かつて軽薄の象徴とされたテレビも、いつしか視聴者をＹｏｕＴｕｂｅに奪われるようになりました。またそのＹｏｕＴｕｂｅでさえ、昨今は10分前後の再生時間でも「長い」と敬遠され、最大1分のＴｉｋＴｏｋに人気が集まっているようです。

こうした軽さを求める風潮を象徴する言葉が、最近よく聞く「タイパ（タイム・パフォーマンス）」です。要するに、いかに短時間で効率よく知識や情報を吸収できるかを重視すること。映画やドラマを早送りで見るとか、小説の大作をあらすじだけ知って読んだ気になるというのも、その一例です。TikTokも、タイパの理にかなっているわけです。

たしかに1分なら、いつでも気軽に見られます。しかしその気軽さから、次々と見続けてしまう。結局、膨大な時間を費やしてしまうわけです。ではどういう「パフォーマンス」を得られるかといえば、おそらくは何もない。暇つぶしになるだけです。以前、TikTokのコメント欄に「一番タイパがいいと思っていたが、実は一番ムダだった」という投稿がありました。

結局、短時間で得られること、簡単にわかることは、すぐに忘れてしまうものです。その時間をじっくり見たり読んだりすることに使っていれば、もっと大きなリターンを得られたかもしれない。その機会を逃しているという意味では、「タイパ」の追求は〝損失〟にも直結します。

もちろん、ネットやＳＮＳが悪いと言っているわけではありません。むしろネットの浸透により、今まで知り得なかった広くて深い世界を知る機会は格段に増えました。井上選手の解説ＹｏｕＴｕｂｅのように、私も活用しています。玉石混交ではあるものの、探究すればするほど知識や情報に出会えるのがネットのいいところです。それをきっかけにして、現場に行ってみようとか、関連する本を読んでみようとか、もっと深く知りたいという意欲が湧いてくるかもしれません。

つまり、ネットは私たちの使い方しだいで毒にも薬にもなるということです。主に〝浅瀬〟で遊んでいるばかりなら、その流れに歯止めをかけ、意図的に深みへ行ってみるような意識改革が必要ではないでしょうか。

「深み軸」という尺度を持て

特に中高年になると、組織内で責任が重くなったり、上下の板挟みになったり、先行きが見えてきたりして、後悔や不安といったネガティブな感情に支配されがちです。

そういうときこそ、「深み」という観点で周囲や自分自身を見つめ直してみてはいかがでしょうか。そうすると、世の中も案外捨てたものではないとか、自分もそれなりにがんばってきたとか、これから先にも楽しみがあるということに気づけると思います。

そこで提案したいのは、「深み軸」という自分なりの尺度を持つことです。

新しい知識や情報を得たとき、それが深いか浅いかという視点で捉える。仕事に役立つとか笑えるとかは別。まだまだ掘り下げられそうかという観点で捉え直すわけです。

「深み軸」は、けっして数値化して計測できるものでも、他人と比較するものでもありません。あくまでも主観的なもので、だからこそそこに楽しみを見出せるわけです。

できるだけ深みのある表現を知りたい、深みのある人と出会いたい、それによって深みのある人生を生きたい。

これを基準にすれば、世の中に対する見方が変わるのではないでしょうか。

例えば、1枚の絵を見たとします。もともと絵画のことはよくわからなくても、画家のプロフィールやその作品が描かれた背景などを知って俄然興味が湧く、ということはよくあります。そこから、同じ画家の別の作品とか、同時代の作品などに好奇心を広げるのが「深み軸」です。さらに画集を買ってみよう、解説書を読んでみよう、レプリカを自室に飾ってみようなどと思うようになるかもしれません。その意識さえ持っていれば、些細なきっかけから深みにハマる可能性はいくらでもあるわけです。

むしろ私は、「深み軸」こそ人生後半の最大の指針になるとさえ思っています。人生とは結局、世の中の深みを味わうためにある、という境地に達したとしたら、それは幸福な人生と言えるのではないでしょうか。

特に昨今の中高年の中には、定年退職後の長い時間をどう過ごすかについて、不安に思っている方が少なくないようです。できれば再就職したいが、採用されるとはかぎらない。周囲に気軽に話せる友人もいない。日がな一日、何もせずに過ぎていく日々というのは、想像しただけでも辛そうです。

しかし「深み軸」があれば大丈夫。思いつくままに、自分のペースで深掘りしてみればいいのです。仕事や人間関係に煩わされない分、1人で沈潜しやすいとも言えます。世の中に深みは無数にあるので、少なくとも退屈することはありません。そう考えれば、人生後半を恐れる必要はなくなるはずです。

平凡な人生にも「深み」がある

ところで、「深み」にはもう一つ別の側面があります。一般に「深い話や思考ができる人」「言葉に重みのある人」は、周囲や世間から尊敬を集めるということです。

これは、逆を考えてみればわかりやすいでしょう。思考が浅い人、軽薄な話しかできない人は、年齢や肩書に関係なく軽視されがちです。ある程度年齢を重ねているなら、相応に中身のある話が求められます。

では、どうすれば「深みのある人」になれるのか。これも一般的には、波乱万丈の人生を歩んできた人、社会の重責を担ってきた人、特別な能力や訓練で何かを成し遂げた人、などと相場が決まっています。こういう人の話には誰もが耳を傾けるし、当たり前のことを話しても「さすが」「すごい」と感嘆しがちです。

しかし、「深みのある人」は本当に彼ら彼女らだけでしょうか。別に波乱万丈ではなく、一般的に平々凡々と評される人生を歩んできた圧倒的多数の人は、浅くて尊敬されないのか。

私はそうは思いません。常識を守りながら、可もなく不可もなくと言われながら、それぞれの職務を全うしてきた人も十分に「深み」があります。

振り返ればピンチもあり、チャンスもあり、人それぞれ悔しさや嬉しさをいくつも積み重ねながら、一方では家族を養いながら今日に至っている。平凡なように見えて、実はそれ自体が偉業なのだと思います。ただ「深み軸」という尺度を持っていなかったために、本人も周囲もその価値に気づいていないだけではないでしょうか。

言い換えるなら、誰でも相応に「深み」を持っているということです。概して日本人は自己肯定感が低いと言われますが、それは「深み軸」の欠落と関係しているのかもしれません。尊敬されようと誇示するのは逆効果ですが、「自分には何もない」と卑下する必要はない。その人なりに深掘りしているはずなのです。

あるいは「深み」が足りないと思うなら、今から掘り下げていけばいい。中高年のほうが、それまでの蓄積がある分、容易だと思います。結果的に、周囲から一目置かれる存在にもなり得ます。本書では、その方法をいろいろ考えてみます。

白隠禅師の「円相図」が語りかけてくるもの

今後、世の中のデジタル化、データ化はどんどん進化していくでしょう。例えば中国では、すべての国民を点数化する「信用スコア」が浸透しています。学歴や職業、収入、資産、取引履歴や交友関係などから査定され、その数字によってローンの金利が優遇されるなど、社会から受けられるサービスの質が変わるそうです。

是非はともかく、個々人が点数化されれば、そこには明確な上下関係が生まれます。自分のスコアが平凡で上位に多数の人がいるとすると、自尊心が傷つけられるし、無力感にも苛まれるでしょう。

その対抗軸になり得るのが「深み」です。誰がどういう知識や経験を持ち、何に関心があり、どこに楽しみを見出しているかまでは点数化できません。データ的な評価がどうであれ、「自分には掘り下げたい深みがある」と思えれば、それで十分ではないでしょうか。

江戸中期の禅僧・白隠禅師は、「軟酥《なんそ》の法」と呼ばれる瞑想法を実践しています。自分の頭の上に柔らかいバターのようなものがあると想定し、それがじわじわ溶けて全身に浸透しながら、身体の悪い部分を洗い流していく様子をイメージする。ちょうど自分の身体と精神そのものを深く掘り下げるような感覚でしょう。点数とは無縁の幸福感が、ここにはあります。

白隠禅師はまた、「円相図」という文字どおり墨で一筆書きした円の図も書いています。解釈は各自の自由なのだそうですが、これをマル、つまりすべての人間に対する肯定と捉えることもできます。またその円の内側の空白こそ、私たちがそれぞれ掘り下げるべき「深み」を表しているようにも見えます。

では、いかにして「深み」とつき合い、そこに人生の楽しみや味わいや安らかさを見出すか。古今東西の事例を参考にしながら、掘り下げてみたいと思います。

第1章

人間の「深み」はどこに表れるのか

引き出しの多い人

「あの人には深みがある」とは、たいてい褒め言葉として使われます。「深い話ができる」「読みが深い」なども同様でしょう。

では実際、「深い人」とはどういう人なのか。本書では、40歳代以上の200人を対象として、「人間の深みはどこに出ると思いますか?」というアンケート調査を行いました。その結果を分析しながら、まずは「深い人」の実像を探ってみたいと思います。

アンケートで得られた回答の一つが、「引き出しの多い人」。例えば何か問題が起きたとき、解決方法をいろいろ繰り出せる人は、たしかに「深い」感じがします。

ではどうすれば引き出しを増やせるのか。身も蓋もない言い方をすれば、それは人生経験を豊富にすること。さまざまな事例が頭に入っているから、どんな事態に直面しても、パターン的に捉えて「こうすればいい」と思いつけるわけです。

言い換えるなら、引き出しの数を増やしていくことが、「深み」のある人間になることでもあります。いくつもの修羅場をくぐり抜けるというのも一つのパターンですが、それればかりでは辛すぎる。自ら何かにチャレンジする経験も、引き出しを増やすはずです。

失敗や敗北の経験のほうが、得られるものは多いでしょう。どこに敗因があったのかを検証することで、ならば次はこうしてみようという目処が立つ。その一つ一つが、貴重な引き出しになるわけです。

例えば、プロ将棋の世界には感想戦というものがあります。勝敗が決した後で対局を振り返り、どの場面でどう指せばその後の展開はどう変わったか、お互いに意見を出し合いながら検証するわけです。死力を尽くして戦った後で疲れているでしょうし、しかも敗者にとっては屈辱の時間のようにも思えるのですが、実はそうではないらしい。

感想戦は、敗者がなぜ負けたのかを納得するために行うもので、勝者はそれにとことんつき合うのが礼儀なのだそうです。

その検証が引き出しの一つに加えられることは間違いありません。またすべての棋士がこれを行うことにより、将棋界全体の底上げにもつながっているのだと思います。

しかしどれほど研究を深化させても、対局のたびにかならず一方が敗者になります。その厳しさに耐えることが、プロ棋士の条件なのでしょう。

一般的な仕事の場合、勝敗がさほど明確に決まることはありません。前例どおりにこなしていれば、なんとなく丸く収まることが多いと思います。しかしそれでは引き出しは増えないし、したがって深みも出ません。変化の激しい昨今にあって、いつの間にか時代に取り残されることにもなります。

そこで、すべての仕事のうちの2割ぐらいは、あえてチャレンジしてリスクを取るように振り向けたほうがいいかもしれません。私の大学時代の友人には、大企業の役員クラスが少なからずいます。彼らに「中途採用で欲しいのはどういう人？」と尋ねると、ほぼ一様に「自分でリスクを取って行動できる人」という答えが返ってきます。

相応のキャリアを積んできた人に期待するのは、言われたことをきちんとこなすことではなく、組織に新風を吹き込むこと。それも闇雲に突っ走るのではなく、経験を踏まえて計算した上でチャレンジできること。たしかにそういう人には、誰もが期待したくなるでしょう。

結果的にうまく行かなかったとしても、その経験が引き出しとして蓄積できればプラスマイナスゼロ。将来の成功の布石になるとすれば、個人にとっても組織にとっても明らかにプラスです。まして周囲から「深みがある人」と評価されるとすれば、他に何を望む必要があるでしょうか。

苦難を乗り越えてきた人

アンケートで比較的多かった回答の一つが、「自ら困難に立ち向かう人」です。闇雲に突撃するのは無謀ですが、困難から逃げないという判断をするのは、自身がこれまで積み上げてきた知識・経験があるからでしょう。

典型的なのが、冒頭で紹介した井上尚弥選手。バンタム級の四団体統一王者になった翌月にそれを返上し、スーパーバンタム級に階級を引き上げて、挑戦することを決めました。獲得した地位に安住することなく、さらなる高い壁を設定して自分を試そうとする姿を見て、ますます応援したくなった人は多いと思います。

あるいは先ごろ引退された、車いすテニスの第一人者である国枝慎吾さんも同じです。国枝さんのラケットには、若いころに教わったコーチの指導により、「俺は最強だ！」と書かれたシールが貼られています。苦しいときは、そのシールを見て自らを奮い立たせてきたそうです。

ところが2016年のリオデジャネイロパラリンピックでは、直前の右肘手術の影響もあり、ベスト8で終わりました。このとき、「もう勝てないかも」と自信を失い、シールを剥がそうかとも思ったとのこと。しかし剥がしてしまえば二度と戻れないと思い直し、2021年の東京パラリンピックに挑みます。その結果、周知のとおり見事に金メダルを獲得するわけです。

傍から見れば、シールはシールでしかないかもしれません。しかし、その1枚によって困難を乗り切るような生き方もある。そういう極限のドラマに、私たちは「深み」を感じるのだと思います。

人生経験が表情に表れている人

また、「人生経験が表情に表れている人」という意見も多くありました。苦労を重ねてきた人は、心のしわのようなものが顔にも刻まれる。それを見て「深み」を感じるというわけです。

かつて、評論家の大宅壮一氏が「男の顔は履歴書」と述べて話題になりました。たしかにさして苦労せずに過ごしてきた人は、若々しく見える反面、深いという印象を持つことは少ないと思います。

自ら苦労を背負い込む必要はありませんが、井上選手や国枝選手のようにチャレンジングであるほど苦難はつきもの。自ら多くを語らなくても、それが表情に表れて、また周囲の人もそれを読み取れるところが、人間の人間たるゆえんです。

おそらく、これにはそれなりの根拠があります。さまざまな経験を重ねてきた人は、それによって表情がある程度固定化してきたのではないかと思います。苦々しい経験が多かった人は、そのときの顔の筋肉の動きが習慣化し、しわが刻まれる。その表情の蓄積が、今の顔を作っているのではないでしょうか。それはちょうど、長年の風雪によって砂丘に風紋ができるようなものかもしれません。

ただし人間は、慣れる動物でもあります。苦々しい経験が多かったとしても、その都度痛みを伴うのではなく、「人生とはこういうものだ」というある種の悟りや達観、余裕の境地に達することができる。顔に深いしわを刻みつつ、柔和な表情をした人がいます。風紋が美しく見えるように、そういう人は魅力的に見えるわけです。

実際、経験が豊富な人ほど、その表情は柔和になるものです。往年の名優・笠智衆さんのようなイメージでしょうか。若いころは尖っていたとしても、だんだん角が取れて穏やかになり、周囲に対しても寛容になる。年齢を重ねるとともにそういう表情になることは、一つの理想像と言えるでしょう。

ただし、苦労を重ねることと、それを周囲に〝自慢〟したり苦々しく語ったり、「それにひきかえ〜」と誰かと比較したりすることは、まったく意味が違います。そういうことを自ら語り出した途端、安っぽく見えるだけ。柔和な笑顔の背景にとんでもない苦労が隠されていることを、知っている人だけが知っていればいい。それがもっとも「深み」を感じる状況だと思います。

かの宮本武蔵も、若いころからさんざん他流試合を繰り返した後、本格的に禅の修行を始めたと言われています。有名な著書『五輪書』は、けっして戦いの日々の苦労話を語ったものではありません。禅と剣術、兵法を結びつけ、いかなるときにも平常心が大事と説いています。その静かな語り口にこそ、多大な深みと説得力があるわけです。

また水墨画や武具など、一級の芸術品を残したことも周知のとおり。歴戦の剣豪が波乱万丈の日々の末、こういう境地に至ったのかと捉えると、人生の重みのようなものを感じずにはいられません。

数々の困難を乗り越えてきたはずなのに、顔に苦労のあともなく、ひょうひょうとしたスッキリ顔でいる人は、底の知れない深みを感じさせます。

能力がありながら自慢しない人

「能ある鷹は爪を隠す」ということわざがあります。自分だけ目立とうとしたり、自慢したりといった言動を戒める意味で使われることが多いようですが、こういう人は、特に日本では敬遠されがちです。概して控え目で謙遜気味なほうが、その場は丸く収まります。これこそ「深み」であるという意見も少なからずありました。

たしかに自分について多くを語らない人は、奥ゆかしい感じがします。きっと何か深い部分があるのだろうと推察したくなります。

ただし爪を隠し続けることは、諸刃の剣でもあります。発信の手段がいろいろある昨今、ある程度は自らアピールしなければ、奥ゆかしさを感じてもらう以前に存在を認知されないかもしれません。それはそれでもったいない気がします。むしろ実力以上に自慢して、褒められたいという意思をむき出しにするぐらいでも、それを愛嬌と受け取ってもらえる可能性があります。

例えば、「江戸っ子だってね」「神田の生まれよ」「寿司食いねぇ」のセリフで知られる浪曲「石松三十石船道中」の話。幕末の侠客・清水次郎長の子分である森の石松が、次郎長に頼まれた用事を済ませ、大坂の淀川で三十石船に乗って伏見へ向かっているときのこと。その船上で、次郎長を褒め称えている客と出会います。

気分の良くなった石松が自分の酒と寿司をすすめると、やがて「次郎長が親分でいられるのは子分が強いから」という話になる。

ますます嬉しくなった石松が「子分のうちの誰が最強か」と尋ねると、客は「大政、小政、大瀬半五郎…」などと挙げていきますが、肝心の石松の名が出てきません。

不機嫌になりながら、それでも酒と寿司を差し出ししつこく尋ねると、客はようやく「石松を忘れていた」と答えます。しかし有頂天になる石松に向かい、客はさらにひと言付け加えます。「あいつは街道一のバカだからね」

森の石松の言動に、「深み」は微塵もありません。しかし、嫌な印象を持つ人もいないでしょう。「気持ちはわかる」「感情を隠さないところが清々しい」などと親しまれるキャラクターだと思います。爪を隠し続けて誰にも気づかれないぐらいなら、いっそ石松路線を狙ってみるのも一つの手です。その上で能力もしっかり披露できれば、周囲から信頼されることは間違いありません。

謙虚で優しい人

「深み」は、しばしば人とのコミュニケーションの場で感じられるもののようです。比較的多かったのが、「謙虚さ」や「優しさ」にまつわる意見。

例えば、「自分に厳しく他人に優しい人」。だいたい世の中で嫌われる上司は、この逆です。自分に甘く部下に厳しく、パワハラしたり責任転嫁したりするパターン。こういう上司に「深み」を感じる部下は皆無でしょう。

かといって、自分に甘くて部下にも甘ければマネジメントになりません。また自分に厳しくて部下にも厳しい上司は、好みの分かれるところですが、今どきはあまり歓迎されないと思います。部下と常に穏やかに接し、部下の失敗さえ受け入れてフォローしてくれるような上司が理想でしょう。その肚《はら》の据わり方が「深み」なのです。

これに類する意見として、「立場の弱い人に対して居丈高《いたけだか》にならない人」もありました。よく言われるのが、例えば店員さんに向かって偉そうに振る舞うとか、取引先にぞんざいな口のきき方をするとか。深い・浅い以前の問題として、傍から見ていて気分のいいものではありません。自己顕示欲の発露なのでしょうが、どれだけ肩書が立派な人だったとしても、それだけで幼稚な印象になります。

逆に言うと、この部分さえ気をつけていれば、最低限の「深み」は確保できるということでもあります。私はさまざまなテレビ番組に出演する機会がありますが、その現場にはかならずAD（アシスタント・ディレクター）と呼ばれる方がいます。細々とした実務をこなす役回りですが、かなり激務なため、ミスをしてディレクターなどから叱られることもあります。

そういうとき、「大丈夫。これぐらいなら全然カバーできるから」と声をかけるディレクターや共演者に出会うとホッとします。人格的な「深み」というのは、こういうところに現れるのだと思います。

それからもう一つ、「人の悪口を言わない人」という見方もあります。これは小学校や中学校の「道徳」の時間に学びそうなことですが、実践し続けることはなかなか難しい。日常で文句の一つも言いたくなることは多々あるし、悪口と批判の区別が明確ではないという事情もあります。

仕事であれ世の中の出来事であれ、批判精神は社会人として不可欠でしょう。間違っていると思うことがあれば、意見を述べるのが筋です。ところがそれが、個人に対する悪口と受け取られることがよくあります。

また雑誌の記事やSNS等の発言にしても、私たちは大上段に構えた批判より、誰かに対する小さな悪口のほうに興味を持ちがちです。だからそういう発信が増えて、大きな問題が矮小化していく。こういう事例は少なくありません。

特定の人物への悪口ではなく、筋の通った意見として言う。「私憤」ではなく、「公憤」。

公の意識からの憤りと、私的な怒りとでは、ずいぶん人間としての格が違ってきます。

的確なアドバイスをくれる人

コミュニケーションについてもう一歩踏み込み、「的確なアドバイスをくれる人」という意見もありました。

たしかに、目の前にどれほど「深そうな人」がいたとしても、ひと言も話してくれないとすれば置物と変わりません。「深み」の本領を発揮してくれるようなコミュニケーションが欲しいところです。

それも、長い説教はいらない。簡潔で、なおかつ的を射た解決策を提示してくれるような人がいれば理想的だと思います。その能力において、おそらく人類史上最強なのが孔子でしょう。

『論語』の中に、例えば弟子の子貢から「一生を通じて実践すべきことをひと言で表現するなら？」と問われる一節があります。ずいぶん乱暴な質問ですが、ここで孔子は有名な言葉を返します。

「其《そ》れ恕《じょ》か。己の欲せざる所、人に施すこと勿《な》かれ」

「恕」とは「思いやり」という意味です。人を思いやる気持ちさえ持っていれば、他に何があってもなくてもこの世は渡り合える、というわけです。たしかにそのとおりで、これほど簡にして要を得た回答はないでしょう。

その編纂から2000年以上の時を経て、『論語』が今なお読み継がれている理由はこの「格言力」にあります。非常に簡潔な言葉で、人としてのあり方や世の中の大切なものを教えてくれる。私たちが孔子に求めているのは、まさに「深み」だと思います。

もちろん、現代にも的確なアドバイスを送れる人はいます。以前、私は総合指導を担当しているNHK Eテレの番組「にほんごであそぼ」で、尺八奏者の藤原道山さんに音楽をお願いし、しばしば出演もしていただいています。以前、その藤原さんに「私もちょっと尺八を吹いてみたい」とご相談したところ、「初心者用の尺八がありますよ」と即答され、プレゼントしていただきました。

周知のとおり、尺八は「首振り三年ころ八年」と言われるほど、音を出すだけでも難しい楽器です。もしその説明から始めたとしたら、興味本位の多くの初心者は早々にあきらめるでしょう。

しかし難しいことを言わず、初心者用があることを教えていただければ、私でもとりあえず音は出せる。もちろん奥義まではとても修得できませんが、どういう呼吸法でどういう音が出るのかぐらいはわかります。おかげで、尺八という楽器を以前よりずっと身近に感じられるようになりました。

藤原さんにかぎらず、どんな分野でも、その道をきわめた人ほど初心者に対する手ほどきやアドバイスは上手い気がします。全体像を達観している分、とっかかりとして何が必要か、よくわかっているのでしょう。プラス、トップランナーとして一般への普及に務めるという気概も欠かせません。これも「深み」の1つです。

一方初心者の側も、それを聞いて安心したり興味を持ったりする。「深み」がその道への理解を広げるわけです。

遊び心のある人

アンケートでは「遊び心やユーモアがある人」という声もありました。

こう言われて真っ先に思い出すのが、2022年9月に亡くなったイギリスのエリザベス女王です。70年におよぶ在位期間には、かつての敵国だったドイツ（西ドイツ）や日本を訪れて戦後の友好関係を強調したり、独立問題で対立するアイルランドを訪れて和解に一役買ったり、特に外交に大きく貢献したと言われています。

また息子のチャールズ皇太子（現国王）とダイアナ妃の離婚や、その後のダイアナ妃の非業の死をめぐり、女王の言動に注目が集まりました。「王室廃止論」が語られるほど、バッシングを受けた時期もあります。

そしてもう一つ、エリザベス女王はジョークやユーモアを絶やさない人でもありました。とりわけ世界の注目を集めたのが、2012年のロンドン五輪の開会式で流されたたプロモーションビデオです。

ダニエル・クレイグ扮するジェームズ・ボンド（007）がバッキンガム宮殿に女王を迎えに上がると、ともにヘリに乗り込み、開会式が行われているオリンピックスタジアムの上空からボンドより先にパラシュートで降下。映像はそこまでで、次の瞬間には実際に会場の主賓席に女王が姿を表す。そんな演出だったと記憶しています。

ちなみにこの映像の中で、女王はひと言だけ「Good evening, Mr. Bond.」とセリフを発するのですが、これも本人の希望だったとのこと。理由は「彼は私を助けに来てくれるから」。その〝労〟に報いるのは当然ということでしょう。

また2021年、イギリスで開かれたG7（先進7ヵ国首脳会議）の歓迎レセプションの記念撮影では、隣に座るボリス・ジョンソン英首相（当時）に「楽しそうにするべき?」と声をかけて周囲を笑わせました。当時は世界的なコロナ禍の真っ最中で、とても楽しく話し合える雰囲気ではありません。その緊張感を解きほぐそうという心遣いだったのかもしれません。

なおこのとき、ジョンソン首相も即座に「ええもちろん。実はみんな楽しんでいるんですよ」と応じています。毀誉褒貶の激しい首相でしたが、その多くの言動にはなかなか味がありました。

重い責任を背負い、厳しい立場に立たされている人が苦渋の表情を浮かべていると、見ている側まで辛くなってきます。しかし当人が明るかったり、言葉の端々にジョークを滲ませたりすると、周囲に安心感を与えます。これは心に余裕があり、またサービス精神も持っている証拠です。人格的な「深み」の一種と言えるでしょう。

特に年齢を重ねると、将来が見えてくるし、人間関係も狭くなるので、人は概して塞ぎがちになります。その中でなお遊び心やユーモアを失わない人がいたとすれば、それだけで周囲を明るくさせます。

そのわかりやすい例が、かつてテレビCMで一世を風靡した「きんさん・ぎんさん」でしょう。あるいは120歳(105歳との説もあり)まで生きた泉重千代さんは、好きな女性のタイプを尋ねられて「歳上の人」と回答し、話題と笑いを呼びました。今後進展する高齢化は日本にとってネガティブに捉えられがちな要素ですが、こういう高齢者がもっと増えれば、世の中は明るさも「深み」も増すかもしれません。

ひたすら真面目に生きてきた人

それから「ひたすら真面目に生きてきた人」という意見もありました。これは私も大賛成で、こういう視点を持てること自体に「深み」を感じます。

私たちの多くは、ひたすら真面目に生きていると思います。特に称賛されることはなくても、それぞれの職務や役割を全うし、誰かの役に立っている。その相互作用が社会全体を形成しているわけで、その一員であるというだけでも十分に立派なのです。

しかも真面目なまま経験を重ねた人ほど、社会常識に精通しています。つまり周囲に気遣いができ、礼節をわきまえ、ふつうにコミュニケーションができる。中高年の多くは、これに該当するのではないでしょうか。

例えば私の叔父は、学校の先生として真面目に勤め上げ、最後は校長にもなりました。

一般的に見れば平凡な人生で、目立つ存在ではありません。しかし、職務を立派に果たし、たいへん穏やかで気遣いのできる人です。先に奥さんを亡くされたときも、駆けつけた私が恐縮するほど優しく接してくれました。真面目さは、積み重ねると「深み」になるということを体現された人だと思います。

もちろん一方では、誰もできないチャレンジをして、失敗や成功を繰り返しながら経験を積んで「深み」を増したような人もいるでしょう。それはそれで十分に称賛されるべきですが、特に目立ったトピックスがなくても、真面目に日常生活を送ってきた真面目な人ならば、何らかの称号が与えられてしかるべきだと思います。

逆に私が疑問符を付けたいのは、例えば「昔、やんちゃしていた」というような言い方で、若いころの悪事を武勇伝のように語ったり、またそれを面白がったり称えたりして聞くことです。まるでその経験をしたことが偉くて、真面目に生きてきたことを「経験不足」と見なすような言い回しは、明らかにおかしい。

悪事は悪事であり、単に猛省かつ謝罪すべきで自慢話にはなり得ません。社会のルールを守り、真面目に生きてきたほうが偉いに決まっています。圧倒的多数のそういう人に与えるべき称号が今のところ存在しないとすれば、まさに「深みがある人」という言葉を贈りたくなります。

目指すべきは「上機嫌な日々」

ここまで、人間の「深み」とは何か、アンケートの結果をもとに考えてきました。

さまざまな意見がありましたが、共通しているのは「経験が深みを生む」ということです。それも、特異な経験がなければダメ、というわけではありません。もちろん特異でもいいですが、平々凡々な暮らしの中にも「深み」はあるようです。

だとすれば、中高年なら誰でも「深み」を持てるわけです。ふつうに働き、家庭を築き、子どもを育てることも経験でしょう。あるいはそれ以前に、単純に老いること自体が若者にはできない人生経験です。人生の秋・冬を過ごすことが味わい深さをもたらします。一見すると平坦でも、人それぞれに〝ドラマ〟があったはずです。

ただし、それだけでは足りない。プラスアルファとして、自身の来し方を振り返りつつ、今を楽しんだり将来に希望を持てたりしてこそ、「深み」が増すのだと思います。

さしあたり自問すべきは、「上機嫌かどうか」。先にも述べましたが、年齢を重ねるにつれて気持ちが塞ぎ、周囲から不機嫌に見える人は少なくありません。年齢的にいろいろあきらめたり、世の中の動きに不満があったり、将来を悲観したりして、そうなる気持ちもわかります。

しかし一方で、高齢でありながら上機嫌な人もいます。それは私の知るかぎり、地位やお金や家族関係などとは関係なく、上機嫌になる方法を知っているから。その方法の一つが、序章で述べた「深み軸」を持つことです。

私たちはどうすれば「深み」にハマり、そして周囲から「深みのある人」と見られるようになるか。それが上機嫌への道だとすれば、探らない手はないでしょう。次章から、その方法について〝深掘り〟してみます。

第2章

苦い経験が「深み」を作る

アンチ「アンチエイジング」のすすめ

世の中には、「深みのある小学生」もいるかもしれません。いわゆる「ギフテッド」や何かしらの経験をした子どもが、大人顔負けの見識を披露してくれることもあります。

しかし一般的に、人間としての「深み」を増すには年齢を重ねることが必要。私の感覚で言えば、だいたい45歳ぐらいから「深み」の時代に入るのではないでしょうか。

20〜30歳代は、まだ心身ともにエネルギーが溢れています。さまざまなことにチャレンジし、自分の能力や人間関係を伸ばす時期です。それが40歳代になると、少し落ち着いてきます。自分に何ができるかがわかってきて、将来も少しずつ見えてきます。『論語』にも「四十にして惑わず、五十にして天命を知る」とありますが、そういう自覚に至るのがだいたい45歳。それが「深み」の一里塚だと思います。

言い換えるなら、ちょうどこのころから人生の座標軸が変わるということでもあります。もちろん仕事上では、まだまだ現役で働き続ける世代でしょう。ただし自分の成績を追うより、組織の責任を負ったり、部下を指導したりする中堅的な仕事が主になると思います。つまり問われるのはリーダーシップであり、調整力であり、そのためのコミュニケーション能力です。

あるいは家庭でも、親の介護や子どもの進学に直面する時期です。若い時代よりずっと難しい課題が待ち受けているわけで、思うように行かないことも多いでしょう。それに体力も、20～30歳代と同じではいられません。そろそろ「衰え」を感じ始める時期だと思います。

これらすべてに対処するために、欠かせないのが「深み」です。やっかいな問題に立ち向かうには、これまでの知見を動員するとともに、「避けて通れない」と覚悟を決めることが大前提。その腹の据え方が、「深み」につながるわけです。

世間一般的には、「アンチエイジング」が流行しています。いつまでも若々しさを保つために、日々の食事や運動に気を配る。それはそれで立派な心掛けだと思いますが、見方を変えれば「若さ」に絶対的な価値基準を置いているということでもあります。

若さを失うことに、恐怖すら感じているのかもしれません。それは生命の摂理に反することなので、かえってストレスが溜まりそうです。

年齢とともに、相応に老いるのが当たり前。また相応の苦労を背負い込むのも当たり前。そう考えたほうが、むしろ心が落ち着くのではないでしょうか。

そしてもう一つ重要なことは、これから困難に直面するたびに、人間としての「深み」が増すということです。苦しんだり哀しんだりした分、ノウハウがわかり、度胸がつき、次の困難にも柔軟に取り組めるようになる。あるいは人にもアドバイスできるようになる。それは内面的な「深み」です。

人生の後半戦は、「若さ」より「深み」を目指す。ネガティブな状況をポジティブに捉え直す。それが、世の中と渡り合い、豊かな日々を送るための秘訣だと思います。

恥や悔しさが人間を成長させる

浅い知識をひけらかしていたら、相手のほうが詳しくて恥をかいた。アイデアを出したら全否定されて悔しい思いをした。緊張する場面でつい失言をして相手を怒らせてしまった。こういう経験は、誰でも少なからずあるでしょう。

しかし、その恥や悔しさや緊張感をきっかけとして、勉強し直したり考えを練り直したりすることも多いと思います。あるいはメンタルも鍛えられます。つまりはその経験が多いほど、引き出しが増えて自分の成長につながる。結果的に「深み」が増すわけで、けっしてムダなプロセスとは言えません。

ところが昨今は、あらゆるコミュニケーションにおいて人当たりの良さが求められます。とにかく相手に恥をかかせたり、萎縮させたりしてはいけない。相手の受け止め方しだいでは、たちまちハラスメントになりかねません。逆に言えば、恥や悔しさや緊張感を経験する機会が減っているわけです。

さらに対話型（生成型）ＡＩの「ＣｈａｔＧＰＴ」が急速に台頭してきました。あまりにも自然な会話が可能な上、圧倒的に博識です。その上クリエイティブなことまでできます。これから社会にどういう変化をもたらすか、現段階では期待と懸念が入り交じっているようです。

期待はともかく、懸念としては情報の信頼性やセキュリティの問題など。しかし、それだけではありません。

さまざまな専門分野だけでなく、恋愛問題についても対話が可能なようですが、その利用が日常的になると、ますます恥や悔しさや緊張感を経験する場が減るのではないでしょうか。相手が人間だからこそ感情が揺れ動くわけで、ＡＩならどんな的外れの質問や意見でも聞いてもらえるという〝安心感〟があります。

それによって勉強や仕事が効率的に進む面もあるかもしれませんが、メンタルは鍛えられません。ますます恥や悔しさや緊張感に対する免疫がなくなり、そういう場面を避けるようになるおそれがある。それが本当に成長につながるのか、いざという場面で簡単に折れてしまうほど打たれ弱くなるのではないか、つまりは「深み」のない人間が増えてしまうのではないか、疑問が残ります。

「良薬は口に苦し」という諺があります。最近は良薬も軒並み飲みやすくなったため、この諺自体が死語になりつつあります。比喩的な意味としても、苦いものを飲み込む機会が減ると、良薬の効果も実感できないかもしれません。それはそれでもったいない気がします。

福沢諭吉は、オランダ語の原書を勉強していたときの気概を、自分たちより他にこんな苦い薬をよくのむ者はなかろうという見識で、苦ければもっとのんでやるという血気だったと表現している。

「恥の壁」をあっさり超える学生たち

以前から、私は学生が恥をかくことを恐れなくなるような授業をときどき実践してきました。前に出て、全員の前で知的なコントを披露してもらったり、ＹｏｕＴｕｂｅｒ的な映像を作ってもらったり、教科内容の替え歌を歌ってもらったり。

学生たちは当初はひどく赤面しますが、意外とあっさり壁を超えます。慣れてくるとだんだん平気になって、もっと受けを狙おうとする。あるいはスベっても、スベったとき用のギャグを用意していたりする。メンタルが鍛えられていることを、学生たちも実感しているはずです。

もちろん、彼らはお笑い芸人を目指しているわけではありません。前にも述べましたが、私が担当しているのは教員養成です。教員として児童・生徒の前に立つ以上、人前で堂々と話せるようになることは最低条件。それに、ときにはスベるリスクを覚悟の上で受けを狙うことも必要です。いちいち恥ずかしがっていたり落ち込んだりしていては、メンタルが持ちません。

あるいは民間企業に就職するにしても、起業するにしても、人と人とのコミュニケーションはかならずついて回ります。うまく伝わらなかったり、対立したりすることも茶飯事でしょう。そうやって揉まれながら、社会人としてのコミュニケーション術を身につけていくものだと思います。大学では、その前哨としてウォーミングアップをしてもらっているわけです。

今は高い人気を誇るお笑い芸人やミュージシャンでも、若いころのライブではお客さんがほとんどいなかったとか、ステージがデパートの屋上で誰も聞いてくれなかったといったエピソードを持っている方はたくさんいます。

テレビのトーク番組などでそういう下積み時代の話を聞くと、その方に対する見方が少し変わる気がしないでしょうか。そういうエピソードが豊富であるほど、もっと聞きたくなる。ついその人に親近感を覚え、ますます応援したくなる。それが「深み」というものです。

「若いうちの苦労は買ってでもしろ」と言いますが、それは恥についても同じこと。誰でも大なり小なり苦い思い出があると思いますが、それを無理やり忘れようとしたり、ネガティブなイメージを持ち続けたりするのは得策ではありません。どうせ変えられないのなら、いっそ自分の「深み」の一部と捉えたほうが生産的ではないでしょうか。

失敗の経験が他者への寛容につながる

失敗の経験が豊富な人は、他人の失敗にも寛容になれる気がします。

かつて私は、名古屋から新幹線で東京に戻ろうとして、間違えて博多行きに乗ってしまったことがあります。一応日本語は読めるはずですが、何か別のことを考えていたか、疲れ切って頭の中が真っ白だったのでしょう。

一方、日常において他人の凡ミスに遭遇することもよくあります。それによってこちらに影響が及ぶと、多少はイラッとします。しかし「自分も新幹線を乗り間違えるような人間じゃないか」と思うと、あまり責める気にはなれません。「そういうこともあるよね」と妙に同情してしまうわけです。

これは、世間一般的にもよくあることだと思います。例えば遅刻することは、けっして褒められた話ではありませんが、キャリアの長い社会人ほど少なからずあるでしょう。そうすると、もし自分の部下が会議などに遅刻した場合にも、あまり強く責められなくなる。上司としては問題かもしれませんが、そう杓子定規に構える必要もないだろうという気もします。部下も社会人なら、善悪の判断は自分でできるはず。上司の姿勢も容認ではなく寛容によるものだと気づけば、次からは気をつけるでしょう。

『新約聖書』の中に、罪と罰にまつわる有名な話があります。姦通罪で捕まった女性に皆が寄ってたかって石を投げようとすると、イエスが言います。

「あなたがたの中で、罪を犯したことのない者だけが石を投げなさい」

すると年長者から順にその場を去り、ついには誰もいなくなった。そんなお話です。

「年長者から」というのがミソ。年齢を重ねれば、誰でも多かれ少なかれ道を外れた経験があるということです。またそういう経験があるからこそ、他者に対して寛容や慈悲の気持ちを持てるようになる。失敗が多いはずの中高年であれば、なおさらです。それが人間としての「深み」を生むのだと思います。

失敗や罪だけではありません。不遇の経験もまた、他者への関心や共感を厚くします。私は33歳まで定職に就いていませんでした。すでに結婚して子どももいたので、当時の不安や焦りは相当なものだったと記憶しています。

だから今も、就職に失敗した若い人や〝雇い止め〟の不安を抱える非常勤の人などの様子を見聞きすると、他人事とは思えなくなります。経験者として関心を持ち続けること、対策を考え続けることが大事だと思っています。また彼らも生活が安定したら、ぜひ後輩のために考え続ける人になってもらいたい。そういう「深み」の連鎖が、社会を良いほうに変えていくのはないでしょうか。

「経験」を糧にするには

別に失敗や困難が、人間に「深み」をもたらすとはかぎりません。まったく失敗知らず、苦労知らずですくすく育ったとしても、立派な人はたくさんいます。むしろ苦労を重ねたために、すっかり自暴自棄になったり厭世的になったりする人もいるでしょう。

では、どうすれば失敗や困難を糧にできるか。当たり前のことを言えば、そのときどきに学習しているか、気づきがあるかが大きいと思います。

『宮本武蔵』『三国志』『新・平家物語』などの歴史小説で知られる昭和の作家・吉川英治の造語に、「我以外皆我師」があります。吉川はこの言葉がたいへん気に入っていたらしく、『われ以外みなわが師　わが人生観』というエッセイ集も出しています。これほど謙虚に学ぶ姿勢があればこそ、数々の大作を生み出すことができたのでしょう。

たしかに同じ体験をしていても、そこから学ぶ人と学ばない人がいます。例えば、同じ時間をかけて同じ話を聞いても、馬耳東風な人とメモを取りながら何かの糧にしようと努める人とでは、当然ながら得るものが違います。

あるいは仕事上の失敗にしても、反省や検証がなければ同じ轍を踏むおそれがあります。また業務改善の基本である「PDCAサイクル／Plan（計画）→Do（実行）→Check（確認）→Act（改善）」も、要は学習を繰り返すシステムです。どのような新システムが導入されるにせよ、評価や検証のステップは欠かせません。

やや大げさに言えば、私たちが歴史を学ぶ大きな理由も、先人たちの正と負の遺産を受け継ぎ、現代と後世に活かすためでしょう。その向き合い方が、国家や社会の「深み」を作るのだと思います。

戦後に活躍した哲学者・フランス文学者の森有正の生涯のテーマは、「経験」でした。森は「体験」と「経験」を分け、前者は人生において単に素通りするもの、後者はそこから意味を取り出し、その後の行動に変容をもたらすものと定義しています。私たちにとって糧になるのは、もちろん後者です。

では、どうやって意味を取り出すか。森が推奨しているのは「ことばにする」、つまり文章に残すことです。

ひと昔前の日本の組織や学校では、何か失敗したとき、誰かに迷惑をかけたとき、以前は「反省文」を書く習慣がありました。これは顛末を捉え直し、いかに再発を防止するかを考える機会だったわけです。たしかに反省を頭の中で考えたり、また口頭で説明したりするだけでは、すぐに忘れ去ってしまうおそれがあります。やがて次の体験をすれば、あっさり〝上書き〟されるかもしれません。

しかし文章に残す以上、考えがロジカルになるし、あらためて気づくこともあるし、ごまかしも利かなくなります。また書いたこと自体が経験になるので、記憶としても残りやすいはず。次の体験でこの反省を踏まえ、自分の言動や考え方が変わったとすれば、体験が経験として活かされたことになります。

ただし、今は「反省文」を書く人も、書かせようと思う人も少ないかもしれません。あるいは、以前なら自発的に日記を書く人がよくいましたが、今はずいぶん減っているような印象があります。日記はまさに、「体験」を「経験」に変える作業でした。

その代わり、今ではブログやSNSを頻繁に更新する人が多くいます。これはほぼ日記のようなもの、と捉えることもできます。ネット上で公開する以上、赤裸々に綴るというよりは〝盛る〟のが当たり前かもしれませんが、自分の記録になることは間違いありません。体験が〝上書き〟されるよりは、ずっと身につきやすいでしょう。

失敗や挫折が多い人ほどリスクをとれる

経験から学べるということは、次に選択を迫られる場面でリスクをとりやすくなるということでもあります。どうすれば失敗しないか、ノウハウを持っているからです。そういう判断ができることも、「深み」のある人の魅力でしょう。

無謀なチャレンジではなく、きちんと勝算を立てた上でリスクをとるには、失敗を含めて豊かな経験を持っていることが大前提です。どこまで行っても大丈夫か、どこから先が危険かという度合いを知っているから、果敢にリスクをとれるわけです。

だいたい世間的に成功していると言われる人ほど、失敗や挫折の経験も豊富なものです。イメージとしては、向こう傷だらけ、といったところでしょう。その傷の多さ、深さが、その人の「深み」を物語る気がします。

例えば以前、稀代のヒットメーカーである秋元康さんと対談させていただいたときも、「実は売れなかった曲もたくさんある」という話をされていました。その数は、ヒットした曲よりもはるかに多いとか。その蓄積があるからこそ、どういう曲がヒットするかという勘どころもわかるのだと思います。

そこで私たちが見習うべきは、大きく2つあります。1つは経験の棚卸しをすること。中高年になると、これから新しい経験を積み上げる機会は減るかもしれません。ならば、せめてこれまでを振り返り、どういう失敗をしてきたか、何がうまく行ったかを検証してみてはいかがでしょう。「日記」や「ブログ」は無理にしても、箇条書きにしてみるといろいろ思い出せると思います。

もう1つは、当事者意識を持ち続けること。管理職はもちろん持っているはずですが、それ以外になると、なんとなく組織内の取り組みについても傍観者になりがちです。それでは若い人に煙たがられるし、何より本人が面白くないでしょう。

自ら率先することはないにせよ、若い人がやろうとしていることにアドバイスを送ったり、サポートを買って出たりすることはできるはず。そこで向こう傷の1つでも見せれば、尊敬を集めることもあるはずです。

老年には老年の欠点がある

ドイツの文豪ゲーテは、以下の言葉を残しています。

〈人は、青春のあやまちを老年に持ち込んではならない。老年には老年自身の欠点が

あるのだから。〉

（『ゲーテとの対話（上）』エッカーマン著　山下肇訳／岩波文庫）

名言ではないでしょうか。若いころの過ちを、ずっと引きずっていても意味がないということです。いくら年齢を重ねても完璧な人間にはなれないので、過ちが積み上がるだけ。それなら、その時々で処理しようと説いているわけです。この身も蓋もない割り切り方が心地よく感じられます。

ある意味でこれを傍証するのが、ドイツ生まれの心理学者エリク・エリクソンが提唱した「発達段階説（ライフサイクル理論）」です（左図）。それによると、人生には8つの段階があり、それぞれの年代に課題があるとのこと。それは「発達課題」と「心理社会的危機」の対立・葛藤を経て、結果として次の段階へ向かう「人格的活力」を得るというパターンで表現されます。

例えば13歳～22歳の「青年期」は、「アイデンティティの確立」と「役割の混乱」の対立から、「忠誠」を獲得する。22歳～40歳の「成人期」は「親密性」と「孤独」の対立で「愛」を得る。40歳～65歳の「壮年期」は「生殖性」と「停滞」の対立で「世話」を、

発達段階説（ライフサイクル理論）

発達段階	年齢	発達課題／心理社会的危機	獲得する力
乳児期	0歳〜 1歳半	基本的信頼vs不信	希望
幼児期前期	1歳半〜 3歳	自律性vs恥・疑惑	意志
幼児期後期	3歳〜 6歳	積極性vs罪悪感	目的
学童期	6歳〜13歳	勤勉性vs劣等感	有能感
青年期	13歳〜22歳	アイデンティティの確立vs役割の混乱	忠誠
成人期	22歳〜40歳	親密性vs孤独	愛
壮年期	40歳〜65歳	生殖性vs停滞	世話
老年期	65歳〜	自我の統合vs絶望	英知

そして65歳からは「自我の統合」と「絶望」の対立で「英知」を得るとしています。

つまり人間は、生涯にわたって成長し続けるということです。それも、それぞれの世代で問題を抱えながらその世代内でケリをつけ、老年になると英知に至る。年齢を重ねたからと言って、ゴールにはならないのです。それはまさに、さまざまな経験や思考を経て「深み」を増すプロセスに他なりません。

あるいは仏教の禅の世界にも、これと似た考え方があります。「十牛図」と呼ばれるものがそれです。「真の自己」を牛になぞらえ、修行の過程を文字どおり10枚の絵で説明しています。

牛を探すことから始まり、見つけ、捕まえ、手なずけ、操り、解放し、無に帰る。そんなプロセスをたどります。面白いのは無に帰ることを表した8番目の図「人牛《にんぎゅう》倶忘《ぐぼう》」で、単に円が描かれただけ。中は「空」です。

しかしそれで終わりではなく、9番目の図「返本還源《へんぽんげんげん》」では自然界の樹木が描かれ、10番目の図「入鄽垂手《にってんすいしゅ》」では、悟りを開いた者が世俗へ繰り出し、人々を悟りへ導く姿が描かれます。

これは禅僧にかぎらず、私たちにも当てはめることができるでしょう。若いうちは「自分とは何か」という問題と格闘し、やがて手応えを掴んで自分なりの道をきわめようと奮闘し、最終的には掴んだノウハウをもとに次世代の育成に努める。さながら「ライフサイクル理論」の東洋版です。

これらはある種の理想像で、かならずしもこのとおりに歩めるとはかぎりません。しかし、年齢とともに苦悩の対象が変化することは間違いないでしょう。それは同時に、人格の発展と思考の深化をともなっていると信じたいところです。

第3章

読書＋アウトプットで教養を深める

私が『暗夜行路』を読み返す理由

最近、私は志賀直哉の『暗夜行路』（新潮文庫）を2ヵ月ほどずっと持ち歩いていました。高校時代にも好きで読んでいましたが、60歳を過ぎた今、読み返せばまた違う感慨があるだろうと思ったのです。

その文庫は600ページほどあって分厚いのですが、およそ1ヵ月でボロボロになりました。読み方が〝激しい〟からです。

一気に読まずに、体になじませるように持ち歩く。常にカバンに入れて持ち歩き、ちょっとした隙間時間、例えば電車での移動中などに開いて読むという感じです。1日のうちでかける時間は、せいぜい5～10分といったところでしょう。

知識や情報を得るためではなく、その世界に浸って楽しむための読書なので、できるだけゆっくり、じっくり読む。読んでいるうちに「終わってほしくない」という思いが強くなるので、ページはますます落ちます。

感銘を受けた場面に線を引いたり、印象的なセリフや言葉を丸で囲ったり、気づいたことを書き込んだり。あるいは地方へ出張する際も持参して、読んだページにその日付や場所を書き込んでおく。後で読み返すとき、以前に読んだときの状況とワンセットで思い出せるからです。

こういう扱いをしていれば、本がボロボロになるのは当然でしょう。そこまで愛読されたという意味では、本にとっても名誉なことだと思います。

その結果、やはり高校時代より今のほうがずっと深く味わえました。それなりの人生経験を重ね、世間の何たるかを知っているため、主人公の時任謙作の苦悩がリアルに伝わってきたように思います。

例えば中盤、謙作がある女性との結婚を決意する場面があります。ただし、謙作は母親と祖父との間に生まれた〝不純の子〟であり、それを理由に先方の親族から反対されるのではないかと不安を感じていました。

しかしこのとき、相手の女性の親族の一人であるNという老人から送られた手紙により、間接的ながら承認されたことを知ります。

「それはその人物の問題にて、却《かえ》ってその為め奮発する底《てい》の人物なれば左様な事は少しも差支えなきものと信ずる由《よし》申され候」

この手紙を読み上げた友人の石本が、「何しろ、年寄りにしては余程、解った人らしい」と褒めると、謙作はそれには返事をせず、涙ぐみそうになるところを必死に堪えた、とあります。数ある名場面のうちの一つだと思います。

こういう文章に出会うと、「ものごとをわかっている老人はいいな」という感じがします。自分もこういう「深み」のある老人にならなくてはと、あらためて思うわけです。高校時代は謙作に肩入れするばかりで、おそらく老人のキャラクターにまで気が回らなかったと思います。これが、年齢を重ねてからの読書の楽しみでもあります。

本とは「どこでもドア」である

　こうして少しずつ読み進めると、『暗夜行路』の世界が自分の日常に入ってきます。何を見聞きしても、頭の片隅で謙作がどういうリアクションをするかを勝手に想像するようになる。つまり世の中が複眼的に見えてくるわけです。これが文学の最上級の楽しみ方でしょう。

　昨今は、有名な長編小説などについて、あらすじだけを追って読んだつもりになるという方法も流布しています。たしかに「タイパ」はいいかもしれませんが、文学を味わい切れないという意味では逆にもったいない気がします。饅頭の皮だけを食べて餡を残し、食べた気になるようなものではないでしょうか。

　それなら、1日に5分~10分でもじっくり味わいながら読んだほうがいい。もちろん『暗夜行路』にかぎらず、古典でも現代の作品でも、あるいは長編でも短編でも、書店に行けば文学は無数にあります。ドラマや映画を見るような感覚で、日常の中に少しだけ別世界に浸る時間があると、嫌なことも忘れられて精神的にも落ち着けます。

　それに、1冊に限る必要もありません。カバンの中のみならず、例えば自宅のベッド脇やトイレや風呂場などにそれぞれ気になる本を配置して、利用するときに読むという習慣を持ってもいいと思います。これなら複数の別世界を同時進行で楽しめるわけで、日常は一気に充実するはずです。

なお、最近は本を電子書籍で読む人が増えているようです。たしかに情報を吸収するにはたいへん便利で、ビジネス書や技術の解説書などを走り読みしたり、必要な部分を探して読んだりするには適しています。紙の本より比較的安いし、大量に買っても場所を取らないし、重くもなりません。

しかし文学作品に限って言えば、私は紙の本、特に文庫本のほうが便利だと思います。先に述べたとおり各所に配置できるし、それほど場所も取らないし、自由に書き込みもできます。それに書棚に物理的に残すことにより、そこに登場人物たちの人格や魂が存在しているということを実感できる。書棚が本で埋まるにしたがい、そこには複数の人格の森が形成されるわけです。これほど豊かさを実感できることは、他に滅多にありません。

そして何より、自分の人生に「深み」をもたらすことができる。ここまで、私は数々の経験がその人の「深み」を作るという話をしてきました。しかし時間は有限であり、それぞれの環境にも左右されるので、経験には限度があります。

その点、文学作品は無限です。『暗夜行路』のように現実社会に即した作品もあれば、とんでもない事件が起きたり、時空を飛び越えたり、古今東西の作家の膨大な想像力の数だけ作品があります。読者にとっては、それを疑似的に経験できるわけです。

しかも書き手の多くは、たいへんな博識だったり洞察が鋭かったり、つまり人並み外れた知性や教養の持ち主です。今まで気づかなかった視点や考え方など、学べることも多いでしょう。

だとすれば、深く読み込んでその世界に浸るほど、「深み」という形で私たちの人格形成にも少なからず影響を及ぼすはずです。むしろ読書習慣こそ、「深み」を得るための王道ではないでしょうか。

ちなみにシンガー・ソングライターのＪＵＪＵさんは、公演などで地方に行くと、かならずその先々で書店に入るそうです。かなり本がお好きなようですが、ＪＵＪＵさんによれば本とはドラえもんの「どこでもドア」とのこと。〝扉〟を開けば、さっと別世界に飛んで行けると。さすが、絶妙な表現ではないでしょうか。

さまざまな「不幸の形」を知る意味

ロシアの文豪トルストイの長編小説『アンナ・カレーニナ』の冒頭に、以下の有名な一文があります。

〈幸せな家族はどれもみな同じようにみえるが、不幸な家族にはそれぞれの不幸の形がある。〉
（『アンナ・カレーニナ』望月哲男訳／光文社古典新訳文庫）

さまざまな場面で引用される一文ですが、それだけ世の中の真理を突いているということでしょう。たしかに幸福の形態は、わりと平凡で一様なのかもしれません。お金があり、何不自由なく暮らし、全員が健康で、家庭内も円満。絵に描いたような優良な家族で、ドラマにはなりにくいでしょう。

一方、不幸の形態は無数にあります。それぞれの感じ方の問題でもありますが、お金がないことも、生活が苦しいことも、ケガや病気で動けないことも、家庭内でケンカが絶えないことも、不幸のタネになり得ます。

私たちがドラマとして見たいのは、明らかに後者です。そこに自分の境遇を重ねて共感したい人もいれば、社会の問題として、もしくは人間の性として捉えたい人もいる。あるいは単にエンターテインメントとして楽しみたい人もいるでしょう。

その期待に応えてくれるのが、文学です。例えば西村賢太さんの作品は、どれも人間の〝うまく行かなさ〟に満ちています。芥川賞を受賞した『苦役列車』（新潮文庫）が有名ですが、個人的に好きなのは『小銭をかぞえる』（文春文庫）という作品です。

最終盤、ふだん苦労をかけている同棲中の女性にたまには中華でも奢ろうとするのですが、待ち合わせをしている最中に入った古本屋で気に入った本に出会い、お金を使い果たしてしまう。そういうどうしようもない主人公の話なのですが、そこに妙な味わいがある。正論を吐けばキリがありませんが、誰しも正論どおりに生きられるわけではなく、むしろ大幅に逸脱する人もいる。そのことをあらためて実感させてくれます。

どうしようもないと言えば、太宰治の『ヴィヨンの妻』に登場する夫も典型でしょう。滅多に家に帰らず、大酒飲みで行きつけの居酒屋の代金を払わないばかりか、その店のお金を盗み出すほど。代わりに妻の「私」がその店で働き出すが、そこには相変わらず酒浸りの夫がいた。「私」はそういう生活に幸福を感じるようになる。

そして最後の「私」のセリフが秀逸です。

「人非人でもいいじゃないの。私たちは、生きていさえすればいいのよ」

社会的な成功や一般的な幸福とはまったく違う世界が、ここにはあります。私たちの多くは、この夫婦ほどの暮らしはしていないでしょう。それでも共感したり、「私」のたくましさに驚いたりする。

文学で「不幸の形」の一つを知っても、私たちは悲観したり絶望したりするわけではありません。むしろ人間の強さ、奥深さに触れることができるわけです。それが文学の世界に入り込む醍醐味でしょう。

自分の経験と読書を重ね合わせたものが教養になる

結局のところ、いわゆる教養を身につけるための最善策は読書だと思います。

教養とは、クイズ番組に出て次々と回答できることではありません。自分自身の体験や世の中の出来事を解釈し、自分なりの考え方や行動につなげるための素材です。先人の叡智の結晶と言ってもいいかもしれません。

本は、小説も含めてまさに先人の知識や知恵や経験を詰め込んだものです。人生の師匠に出会うようなもので、自分の視野を広げ、教養を身につけるには最適な教材でしょう。読書量の豊富さは、人生経験の質を高めるものです。

それだけに、読みっぱなしにするのはもったいない。その内容と、自分が向き合っている現実を照らし合わせることで、そこに意味や普遍性を与えることができる。それを積み上げたものが、真の教養でしょう。教養を踏まえた思考は、当然ながら「深み」のあるものになるはずです。

そこで私は、大学1年生を対象に、『論語』を取り入れた授業を行っています。単に読むだけではなく、同書の中から気に入った言葉を10個選び、それぞれに自分のエピソードを加えてスピーチしてもらうというものです。

もっとも、これは学生たちにとって〝楽勝〟な課題のようです。選ぶ作業自体、自分の体験と照らし合わせて行うからです。例えば、口下手というコンプレックスが「巧言令色、鮮《すく》なし仁」で救われたとか、高校時代の部活でキャプテンとしてがんばったことで「徳は孤ならず、必ず鄰《となり》有り」を実感したとか、クラスのいじめ問題を撲滅できたのは「義を見て為《な》ざるは勇なきなり」の精神だったとか。

むしろ、自分の高校時代までを振り返る時間であり、ある意味で〝武勇伝〟のように皆の前で語れるチャンスでもあるので、それぞれ嬉々として取り組んでいました。しかも『論語』の言葉も自然に覚えるので、一石三鳥といったところです。

まして中高年になれば、良かれ悪しかれエピソードは豊富でしょう。同じように『論語』を読みつつ、自身の来し方を振り返ってみるのも面白いと思います。一つ一つの言葉に、それぞれ思い当たるフシがあるかもしれません。

例えば、「人の己れを知らざることを患《うれ》えず、人を知らざることを患う」という言葉があります。自分が他人に知られていないことを悩むのではなく、自分が他人について知らないことを憂えなさいということです。

特に男性の場合、年齢を重ねるほど孤独に陥りがちです。仕事では要職を外され、プライベートでもなかなか周囲から声がかからないということがよくあります。そういうとき、「誰も自分のことを理解してくれない」と悲嘆に暮れたくもなるでしょう。

しかしその前に、「では自分は周囲の人のことをどれだけ理解しているか」と問うてみると、原因は自分にあったと気づけるのではないでしょうか。それがわかれば、今からでも周囲の人との接し方を変えてみようと思うはずです。

自分の体験を古典の言葉と合致させてエピソードとして語れれば、そこに「深み」が出ます。あるいは語る場がなかったとしても、体験に意味を持たせることで自己研磨に役立つわけです。

それに中高年になると、そろそろ新しい体験はかぎられてくるでしょう。自分に何ができるか、何ができないかも見えてくるはずです。しかし読書なら、時間さえあれば限界はありません。『論語』や古典にかぎらず、さまざまな本を読むことで知見を広げ、教養を高め、自分の前半生と世の中を深掘りすることは、後半生の最大の楽しみにもなり得るのではないでしょうか。

古典の敷居が高ければ、まずは解説書から

古今東西の文学の中には、底の浅いものもあれば深遠さを感じるものもあります。前者は気軽に読めますが、人間の「深み」を知る上では後者に挑戦するのも悪くありません。

その最たる例が、ドストエフスキーの作品でしょう。『罪と罰』や『カラマーゾフの兄弟』などの長編小説が有名ですが、単に長いだけではなく、とてつもなく「深み」があります。おそらく何度読み返しても、そのたびに発見があるほどです。

ただしその分、難解であることも否めません。若いころにチャレンジして挫折した方も多いのではないでしょうか。

そこで一読をおすすめしたいのが、有名な文学作品にはたいてい存在する解説書。事前にあらすじや登場人物の関係性、物語の背景などを頭に入れておくと、作品そのものもずいぶん読みやすくなります。

特にドストエフスキーの作品群なら、ロシア文学者の江川卓さんによる『謎とき「罪と罰」』、『謎とき「カラマーゾフの兄弟」』、『謎とき「白痴」』（いずれも新潮選書）が圧倒的に面白いと思います。一般的な解説書というより、さらに作品を深読みして読者を深遠な世界へ誘ってくれます。

例えば『罪と罰』で、老婆殺しの罪を犯す主人公の名は「ロジオン・ロマーヌイチ・ラスコーリニコフ」。ロシアではきわめて珍しい名前だそうです。それもドストエフスキーが残した創作ノートによると、もともとは違う名前だったものを、途中でこちらに変更したらしい。

それはなぜか。この名前をロシア語のイニシャルで表記すると、「ＰＰＰ」。わざとそうなるようにしたというのが、江川さんの推理です。「ＰＰＰ」を上下にひっくり返すと、「６６６」と読めます。これはオカルト映画「オーメン」で知られるとおり、『旧約聖書』において悪魔の数字とされています。ドストエフスキーは、この物語の主人公にそういう負の宿命を負わせようとしたのではないか、というわけです。真相はわかりませんが、たいへん面白い解釈でしょう。

あるいは『カラマーゾフの兄弟』の「カラマーゾフ」とは、ロシア語で「黒塗り」という意味があるそうです。父親殺しの犯人探しを軸にして、欲望や愛憎を露骨に描いた作品ですが、たしかに「黒塗りの兄弟」のイメージはよく合います。

実際、物語の中では「所詮、お前も俺もカラマーゾフだ」というセリフが出てきます。「カラマーゾフ」の意味を知らなければ、「俺たちは兄弟だ」ぐらいの軽い会話として読み流すところでしょう。しかしそこに「黒塗り」という意味が込められているとすれば、印象がまるで違ってきます。またこういう仕掛けが作品の随所に隠されていると考えると、恐ろしいほどの「深み」を感じると思います。

こういう〝謎とき〟をされると、ぜひ読んでみたい、もしくは読み返してみたいと思うのではないでしょうか。そして読んでみると、予備知識を持たずに読むよりずっと理解が早くて深くなる。これが解説書のいいところです。

作品の味わいは議論によって深まる

前出の江川さんは、旧制高校に入学して学生寮に入る際、先輩からいきなり「お前は『カラマーゾフの兄弟』の登場人物の中で誰が一番好きか?」と尋ねられたそうです。当時の旧制高校生にとって、同書を読んでいることは常識だったのでしょう。

そこで江川さんが「三男のアリョーシャ」と答えると、先輩は「お前は浅い」と一喝。ここは次男の「イワン」と答えるのが〝正解〟だったらしい。しかし江川さんにとって、アリョーシャの存在はけっして浅くない。その思いはロシア文学の研究者になった後も変わらなかったそうです。

何が正解かはともかく、1つの文学作品をめぐって旧制高校生どうしが議論している風景自体が面白いと思います。意見を戦わせれば、どちらがより深く解釈しているかが争点になります。自分が気づかなかったことを指摘してもらえることもあるし、逆に自分の解釈が称賛されたり批判されたりすることもある。悔しい思いをすれば、すぐにもう一度読み返してみたくなるし、他の人の意見も聞きたくなるはずです。結果的に、その作品をより深く味わうことができるわけです。

こういう環境を、できれば現代でも作りたいところです。基本的に読書は孤独な作業で、意見や感想を交換する場はなかなかありません。自分の感覚が鋭いのかズレているのか、同じ本を読んだ集団と接触しなければ確認する術はないわけです。

しかし今どきドストエフスキーはもちろん、例えば村上春樹さんの作品でも、誰もが読んでいるとは言えません。よほどのベストセラーやロングセラーでもないかぎり、同じ本を読んだ人に出会える可能性はかなり低いと思います。

かと言って、学生寮の先輩のようにインテリ風を吹かせる人と相対するのも面倒でしょう。あるいは一部で読書会やいわゆる「ビブリオバトル」のようなものも開かれていますが、1つの作品について議論するというより、お互いに好きな本を持ち寄って紹介し合うパターンが多いようです。

そこで使えるのがネット空間です。ブログやSNSを通じた書評は無数にあります。それに対してコメントを書き込んだり、議論が始まったりということもよくあります。匿名性が高いために暴言が飛び交ったり、場合によっては〝炎上〟に至ったりという問題も抱えていますが、相手を選べば一定の距離を保ちながら良好なコミュニケーションができるということでもあります。

実際、ときどき非常に深い書評に出会うことがあります。そういう書評には同じく深く読んでいる人が集まり、中身の濃い意見交換が行われていたりする。深みの感覚は共有できるし、意見が一致したり、誰かに賛同されたりすれば自信にもなります。こういう関係をリアルな空間で見つけるのは、なかなか難しいでしょう。

つまりネットの価値とは、世界中がコミュニケーションできるようにしたことと同時に、膨大な数のタコツボをつないだことだと思います。リアル空間を超え、直前まで赤の他人だった同好の士が集える場所を提供してくれている。おかげで、「わかる人にはわかる」ということを実感できるわけです。

ふつう学問の世界で「タコツボ化」と言えば、学際的な研究もなく行き詰まり、狭い領域に閉じ籠もった状態を指します。けっしていい意味では使われません。

しかしネットの世界のタコツボは、マニアだろうとオタクだろうと市民権を得られます。むしろ過剰なマニアやオタクほど尊敬を集めるかもしれません。あるいは自分こそかなり深いマニアだと思っていても、もっと「深み」があると知ることもあるでしょう。リアル世界とは一線を画した場として、利用しない手はありません。

アウトプットで緊張感を高め、さらなる深掘りへ

いずれにせよ、ネット空間にできるタコツボは、「深み」をめぐる共同体のようなものです。リアル社会の自分がどうであれ、そこに居場所を見つけることで、人生にも「深み」が生まれるのではないでしょうか。

ただし、タコツボを見つけてコンテンツやコメントを眺めるだけでは面白くありませ

ん。自分自身も書き込むこと、つまりアウトプットすることで、本当にタコツボの一員になれるのではないでしょうか。

言い換えるなら、人として「深み」を持てるか否かは、アウトプットがポイントということです。もちろん質量ともに豊かなインプットは欠かせませんが、アウトプットの機会もなければモチベーションを維持できない。せっかく学んだことをすぐに披露したい、使ってみたいと思うのが人の性でしょう。今はそのニーズに応えるべく、ネット空間という発信の場が用意されているということです。

ただし何かを書き込むとすれば、まず自分の考えを整理する必要があります。また外国人も含めた誰かが読むことを想定して、簡潔な文章にまとめることも必須です。この作業自体が、自分の思考を深める大きな一歩になるはずです。

ちなみにこれは、私が学生のころから実践していた勉強法と同じです。いくらインプットしても、記憶に残るとはかぎりません。しかしその内容を咀嚼し、自分なりに整理して友人に語って聞かせると、頭の中に定着しやすいのです。

例えば1日に最低1つはどこかにアウトプットすると決めてもいいでしょう。そうすると、毎日何かをインプットしなければならない。それもアウトプットを前提にするので、より広く深く吸収しようとするはずです。また発信が的外れにならないように、多少は周辺の情報収集も必要。こういう日々を過ごすとすれば、自ずと知識も思考も「深み」を増すでしょう。

もちろんＹｏｕＴｕｂｅをはじめ、どこかのサイトに書き込みするパターンでもいいですが、自らＳＮＳやサイトを立ち上げて発信する手もあります。別に肩肘張らず、例えば身近な植物の写真を撮って1枚ずつアップするとか、俳句を1句ずつ詠むとか、書評や映画の感想とか、テレビや雑誌で見聞きした誰かの言葉を書き留めるとか、コンテンツはいろいろ考えられます。

他者の反応がなかったとしても、自分の考えを世に向けて発信するという、その緊張感が大事なのです。また多少でも反応があれば、ますますモチベーションにつながるはずです。

一般的に、ＳＮＳは軽いコミュニケーションの場とされています。しかしその中から、ふと「深み」について語れる相手を1人でも見つけることができれば、それは幸福な出会いだと思います。たとえオンラインでも、好きな本や音楽や映画について語り合うのは楽しいし、作品をより深く知ることにもなる。人生後半の時間の使い方として、かなり有意義だと思います。

そのためには、まず自分が作品の世界に興味を持つ必要がある。ここで本章の最初の話に戻りますが、たとえ1日に5～10分でもじっくり読み続ければ、その世界に浸れます。本のみならず音楽や映画でも同様。それもできるだけ「深い」「難解」と言われている作品のほうが、アタリメのように噛むほどに味が出ます。

一般的に、そういう作品は古典に多いと思います。つまらなければ、とうの昔に消えていたはずです。面白いから今日まで残ったと考えれば、いわば歴史のお墨付きを得ているわけです。それに古典のほうが知名度は高いわりに読んでいる人は少ないので、同好の士に出会いやすいかもしれません。そこで交わされるコミュニケーションは、当然ながら濃く、深くなるでしょう。

比較的時間の余裕ができるはずの人生後半、古典の教養に出会わないのは、むしろもったいない気がします。

第4章

「深み」は細部と反復に宿る

日本人には「小さいもの」を愛でるDNAがある

江戸時代の俳人・小林一茶と言えば、例えば以下の作品が有名でしょう。

やれ打つな蠅が手をすり足をする
雀の子そこのけそこのけお馬が通る
やせ蛙負けるな一茶是《これ》にあり

あるいは童謡「ぞうさん」などを作詞されたまど・みちおさんの作品に、「アリくん」という作品があります。

アリくん　アリくん

きみは　だれ
にんげんの　ぼくは
さぶろうだけど
アリくん　アリくん
きみは　だれ

アリくん　アリくん
ここは　どこ
にんげんで　いえば
にっぽんだけど
アリくん　アリくん
ここは　どこ

いずれにも共通するのは、きわめて小さいもの、弱いものへのまなざしです。天下国家を論じるのもいいですが、こういう視点には温かさや安心感を覚えます。さまざまな苦難を乗り越えて高齢になってなお、子ども時代の感性を失わなかったということでしょう。

しかも、小さな対象に目を向けながら、その作品には生活や社会の一部を切り取ったようなスケールの大きさがある。そこに、人間の心の奥深さを感じます。

もともと日本人には、細かいものや小さなものを好む傾向がありました。俳句自体、自然界の細部の美しさや季節の微妙な変化を表現する文学です。あるいは清少納言の「枕草子」の有名な一節「うつくしきもの（可愛らしいもの）」では、「瓜にかきたるちごの顔（瓜に描いた子どもの顔）」をはじめ、「すずめの子」「二つ三つばかりなるちご」など都合16種類を列挙しています。

一説によれば、その背景にあるのは日本の豊かな植生らしいのです。四季と肥沃な土壌のおかげで、野山に行けば多様な植物があり、しかもそれがさまざまな生活資材や食糧としても使われた。だから、細かく観察したり、採集したり、使い方を工夫したり、ついでに崇めたり愛でたりする文化も生まれたというわけです。

ちなみに同じ島国でも、イギリスはまったく違います。もともと植物の種類がきわめて少なかったそうです。そこで、大英帝国の栄華とともに世界中から植物を集め、栽培した。ロンドンの王立植物園（キュー・ガーデン）をはじめ、国内各所に数多くの植物園があるのはそのためです。

自然環境に恵まれていた日本は、それによって細部や小さいものに興味を持つ文化・習慣も生まれた。「神は細部に宿る」と言いますが、細部に楽しみを見出して「深み」を感じることができるなら、私たちも文化的DNAを引き継いでいることになります。

「細かすぎて伝わらないモノマネ」はなぜ笑えるのか

細部や小さいものを好む傾向は、昨今のお笑いにも反映されています。

例えば、年に1回放送される「ザ・細かすぎて伝わらないモノマネ」というお笑い番組があります。誰かのしぐさを一瞬だけ切り取り、デフォルメして見せるわけですが、その切り取り方が面白い。私もファンで毎回欠かさず見ていますが、「よく観察しているな」とか「たしかにこの動きには見覚えがある」と驚かされます。

そこにはやはり、小さな変化や違和感こそ面白いのだという視点があります。加えて、ふつうの人は見過ごすところを掘り下げるという、対象に対する優しさや愛情も感じます。しかも、掘り下げればいくらでもタネが見つかるような「深み」もあります。「細かすぎて」は「深すぎて」と言い換えてもいいでしょう。

細かいと言えば、お笑い芸人のずんの飯尾和樹さんの芸も細かい。例えば、隣の人に話しかけるような格好のまま静止して「『最後の晩餐』に出てきそうな人」と言う芸に、私は爆笑した覚えがあります。誰も思いつかないでしょうし、しかも教養にあふれています。

あるいは頭をペコっと下げる定番ギャグ「ぺっこり45度」も、いかにも飯尾さんという感じがします。直接うかがった所によると、そのギャグは、もともと伊勢丹の店員さんの挨拶を見てヒントを得たそうです。あまりにもきっちりしていたので、面白いと。そこに面白さを見る感性がすばらしいと思います。これも「細かすぎて伝わらないモノマネ」の系統だから、日本人には伝わりやすいわけです。

自然や芸術の「細部」に注意を払うと

テレビを見て笑うのもいいですが、せっかく小さいものを愛でる感性を持っているなら、自ら掘り起こして「深み」を味わってみるのも悪くないでしょう。

例えばふだん道を歩いているとき、ちょっと道端に注意を払うと花が咲いていたり、そこに蝶が止まっていたりするかもしれません。そこで一句でも作れれば風流ですが、その気力も自信もない場合には、とりあえず写真に撮っておいてはいかがでしょうか。

そういうルールを自分に課すと、自然と細かいところに目が行くようになります。それをフォトダイアリーとして積み重ねていくと、自分の好みや心の移り変わりも反映されるはずです。

また撮った写真を拡大すると、より細部に気づきがあるかもしれません。雄大な景色もいいですが、小さな蕾や石ころに世界を見ることで、あらためて日本人であることを実感できると思います。

今はスマホさえあれば、いつでもどこでも気兼ねなく写真を撮れます。それは、小さいものにいっそう共感しやすくなったということでもあります。

あるいは、古今東西の名画の細部に着目してみるのも、一種のトレーニングになります。例えば「モナ・リザ」は、輪郭線がないことで知られています。写真はネットでも簡単に見られるので、実際のところはどうなのか、なぜふんわりと立体的に見えるのか、確認してみるのも面白いでしょう。

また背景も、よく見ると謎に満ちています。その点を解説した記事や書籍も多数あります。それらを読み漁ってみると、奥深さがわかると思います。これをきっかけにレオナルド・ダ・ヴィンチの生涯を追ってみたり、その後の美術界に及ぼした影響を調べてみたり、深掘りしようとすればするほど、世界はいくらでも広がります。

その上であらためて眺めると、同じ「モナ・リザ」でも見え方がまったく違ってくるでしょう。これが、「深み」を知る醍醐味です。

同じく絵画で言えば、やはりルネサンス期の画家ピーテル・ブリューゲルによって描かれた名画「バベルの塔」も、細かさで引けを取りません。尊大になった人間が結集して天に届く巨大な塔を建てようとしますが、激怒した神はそれまで1つだった言語をバラバラにして共同作業を妨げ、未完に追い込むという「旧約聖書」の物語を描いた作品です。ちなみに、これを機に人間は世界各地に分散して生きるようになったとされています。

ブリューゲルの「バベルの塔」は2枚現存しますが、その世界観そのままに、建設作業に従事する膨大な人間が描かれています。特に後に描かれた作品はタテ60センチ×ヨコ75センチとけっして大きくはないのですが、そこに1000人以上もいるそうです。

物語を知った上で、どこでどういう作業をしているか、画像を拡大しながら観察してみるのも面白いのではないでしょうか。ざっくり眺めるだけではわからない、細部に宿る「深み」を発見できると思います。

日本での展覧会では、「バベルの塔」にほれこんだ大友克洋さんがアレンジした「大友版バベルの塔」も展示されていました。作品の「深み」が増すアレンジでした。

サン＝テグジュペリの有名な絵本『星の王子さま』の冒頭に、主人公の「ぼく」が子ども時代に「ゾウを飲み込んだウワバミ」の絵を描いたという話が出てきます。しかし大人は、それを「帽子」の絵としか認識してくれない。そこで「ぼく」はもう1枚、今度はゾウの姿をはっきり描いてみますが、それでも大人は先入観を捨てない。「ぼく」は以下のように文句をつけます。

〈おとなの人たちときたら、じぶんたちだけでは、なに一つわからないのです。しじゅう、これはこうだと説明しなければわからないようだと、子どもは、くたびれてしまうんですがね。〉

（『星の王子さま』内藤濯訳／岩波書店）

たしかに「大人」には、そういう面もあるでしょう。知見が豊富な分、ざっと見ただけでわかったような気になることがよくあります。しかし逆に言えば、きちんと説明されれば、またそれを聞く耳を持てばわかるということでもある。そういう知性を働かせることができるのも、「大人」の特権だと思います。

社会の「弱み」にも目を向けよう

「小さいもの」といえば、物理的に小さいものだけではなく、社会的に立場の弱い人、マイノリティを指すこともあります。そこに目線を向け、共感することも、社会の「深み」を知って責任を果たすという意味では欠かせません。

身近な例を挙げるなら、会社の新入社員・若手社員の離職率の高さは以前から問題になっていました。彼らは、組織の中では知識も経験も足りない弱者です。事情はそれぞれでしょうが、彼らにとって居づらい組織は、現代にはそぐわない何らかの問題を抱えていると考えられます。少なくとも、共感や配慮が足りないことは間違いないでしょう。

会社組織だけではありません。私は大学で教員養成を担っていますが、卒業後、赴任先で大きなストレスを感じている教え子は少なからずいます。教職員の過酷な労働条件は昨今よく報じられるとおりですが、特に若い先生にしわ寄せが行きがちです。

そこにもう少し手を差し伸べることができれば、もともと大きな希望を抱いて教職を選んでいるだけに、もう少しがんばることもできると思います。そういう現状にいかに寄り添えるか、解決策を見出せるかは、日本の教育を左右する大きな問題でしょう。

あるいは、正規雇用と非正規雇用の格差もしばしば問題になります。「同一労働・同一賃金」のスローガンの下、以前より非正規雇用の待遇は改善されたという声も聞きますが、まだまだ雇用の安定という面でも、年収面でも開きがあります。中学・高校や大学でも非常勤の方は多く働いていますが、いわゆる「雇い止め」の不安を抱えていたり、実際に去ってしまう方も少なくありません。

その当事者が制度の是正を求めるのは当然でしょう。ただし立場が弱い分、正規組と正面から対立したくないという思いもある。一方の正規組も、非正規組から搾取してまで自分の利益を得たいとまでは思っていないはずです。しかし当事者ではないので、〝痛み〟の度合いがわからないし、立場の違いを真剣に考えたこともない。だから結局、なかなか改善に向かわないわけです。

もし、正規組がもう少し真摯に向き合い、非正規組に共感して声を挙げるようになれば、状況はずいぶん変わるはずです。これは、けっして単なる社会貢献ではありません。誰もが働きやすい環境になれば、経済は活性化するし、誰でも家庭を築きやすくなるし、職場の雰囲気も良くなります。回り回ってすべての人にとってプラスです。

若いうちなら、自分のキャリアを積み上げることや家族を養うことに専念するのもいいでしょう。しかしある程度年齢を重ねたら、もっと社会全体に目を向けていきたい。どういう制度設計が最適なのかはわからなくても、とりあえず改善を進める気運を高めることが第一歩。そこに関心を広げ、想像力を働かせることが、社会人としての役割であり、「深み」だと思います。

見えないところで努力し続けてこそ一流

かつて女子プロテニスの世界に、マルチナ・ナブラチロワという名選手がいました。長らく「女王」として君臨し、通算成績は2100勝を超え、通算獲得賞金は2100万ドル以上にのぼります。

あるとき、何かのインタビューで「たった1時間の試合で莫大な賞金を獲得するあなたはすごい」と問われたことがあります。もしかしたら、ある種の皮肉が込められていたのかもしれません。

それに対するナブラチロワの答えが秀逸でした。

「でも、小さいころからずっと練習してきましたから。時間をかけて」

これは、多くの一流アスリートの気持ちを代弁した言葉でしょう。どんなスポーツも試合はせいぜい2~3時間で、ましてプレーが輝くのはほんの一瞬かもしれません。しかし、その一瞬のために膨大な練習を積み重ねるのがアスリートです。それも基礎練習や反復練習が中心で、けっして楽しいばかりではありません。それを乗り越えたところに、心技体ともにプロとしての「深み」が生まれるのだと思います。

これはプロスポーツにかぎらず、どんな世界でも言えることでしょう。砂を噛むような反復練習をしているうちに螺旋的に深掘りが進み、ついには岩盤を貫いていく。およそ「上達」とは、こういうイメージだと思います。

以前、私はNHKの「新・にっぽんの芸能」という番組の収録で、俳優の高橋英樹さんとご一緒させていただきました。テーマは、江戸から明治時代にかけて活躍した歌舞伎の脚本家・河竹黙阿弥。「白浪五人男」として知られる『青砥稿花紅彩画《あおとぞうしはなのにしきえ》』や『三人吉三廓初買《さんにんきちさくるわのはつがい》』など、多くの作品を残しています。

その中で、「白浪五人男」には「知らざあ言って聞かせやしょう」から始まる有名なセリフがあります。

知らざあ言って聞かせやしょう

浜の真砂と五右衛門が
歌に残せし盗人の
種は尽きねぇ七里ヶ浜
（以下略）

この先もずっと続きますが、一読してわかるとおり、すべて七五調になっています。番組の収録前、高橋さんと打ち合わせでこの話題になったとき、まず「七五調の繰り返しは話していても聞いていても心地いい」という点で一致しました。これについては、誰も異論はないと思います。

しかしその上で、高橋さんは「ただ気持ちよく話すだけではダメ。捨てるところを作らないと」と仰る。どの部分を強調するのかを決め、それを際立たせるために別の部分を捨てる、つまり弱く話す勇気も必要ということです。これが、長く舞台に立たれてきた経験から導き出した技なのでしょう。

また高橋さんの声といえば、「桃太郎侍」でもおなじみのように野太くて迫力に満ちたイメージがあります。ところがご本人によれば、もともとの声は細くて高かったそうです。しかし、それでは舞台人として通用しない。そこで徹底的に訓練し、今日のような声に仕上げていったとのこと。よほど反復練習を繰り返さないかぎり、こうはならなかったはずです。

そしてもう1つ。先日、たまたまテレビを見ていたら娘さんの高橋真麻さんが出演されていて、お父さんについて話をされていました。それによると、時代劇の収録の際、長い待ち時間があってもけっして椅子に座らないそうです。

理由は、座ることによって衣装にシワが入るから。そもそも江戸時代に椅子は存在しないので、余計なシワが入ると不自然に見える。あるいは前のシーンとのつながりがおかしくなる恐れもある。そこまで神経を使っているわけです。おそらく視聴者の大半は、シワがあろうがなかろうが気づかないでしょう。しかし、見せる側としていっさい妥協しないところが、いかにもプロフェッショナルという感じがします。

しかも、高橋さんはそれを長いキャリアの中でずっと通してきた。あえて疲れるような所作や心構えを繰り返すことで、人知れず身体に刻み込まれているわけです。こういう真摯な姿勢もまた、人格的な「深み」と呼べるのではないでしょうか。

優れた芸術は反復から生まれる

およそ技術や芸術の世界は、反復が上達の基本です。何度も繰り返すことで、技や知見が深まるわけです。

例えば以前、私は「魂のピアニスト」と称されるフジコ・ヘミングさんと対談させていただいたことがあります。フジコさんの得意とする曲の1つは、リストの「ラ・カンパネラ」。たいへんな難曲として知られていますが、これを何十年も繰り返し弾き続けてきたわけです。

「飽きることはないですか？」

という私の不躾な質問に対し、フジコさんの答えは明快でした。

「最高の作品だから、弾くたびに自分の能力が引き出される気がするんです」

世に名曲と呼ばれる曲は、それぞれ深い世界観を持っています。だから聴く側にとっては聴くたびに新鮮で、何か発見がある。まして弾く側であれば、弾くたびにその曲の世界観を開拓するような感覚になるのかもしれません。

ちなみに、フジコさんの指は太くて短い。ピアニストの指というと細くて長いイメージがあったので指についてお聞きすると、「この指がいいのよ」とのこと。たしかにあの力強い音は、繊細な指からは奏でられないでしょう。

あるいは分野はまったく違いますが、『源氏物語』に登場する色を再現するという事業に取り組んだ方がいます。染織家の吉岡幸雄さんで、ご著書『「源氏物語」の色辞典』(紫紅社)によれば、当時の色の多くは今日に存在しないらしい。それを、さまざまな植物と当時の製法を使って蘇らせたわけです。

今日の技術を使えば、おそらくどんな色でも作ることは可能でしょう。しかし、1000年以上昔の色となると、話は別です。同書は源氏物語の紹介とともに、描写された色についても解説して再現されていますが、今日では見たことのないものばかりです。

しかも、いずれも深い味わいがあります。

それは、自然界の植物に由来するからでしょう。つまりその色の深さは、自然界の深さでもある。結局、人間は自然界に太刀打ちできないわけですが、色を通じてそれを実感できます。また自然界から色を抽出する作業を可能にしたのは、吉岡さんの熱意と長く培ってきた技術の賜物でしょう。

「考える人」などで知られる彫刻家のオーギュスト・ロダンは、しばしば「自然に学べ」という言い方をしています。自然ほど完全に美しいものはなく、それを抽出するのが芸術であるというわけです。あるいはレオナルド・ダ・ヴィンチも、「自然をよく観察して学ばなければいけない」と述べています。

私たちは、優れた技術や芸術に触れることで、その背景に自然の底知れぬ奥深さを感じることができる。天賦の才に恵まれた技術者や芸術家は、多大な時間とエネルギーを反復に費やしてその才を磨き、自然と人間をつなぐ媒体となっているわけです。私たちが彼らに畏敬の念を抱くのは、当然かもしれません。

1日10分、〝足元〟を掘り下げよう

さて、かならずしも天賦の才に恵まれたとは言えない私たちの場合、それでも「深み」を持つにはどうすればいいか。ここで参考になりそうなのが、哲学者ニーチェの言葉です。その有名な著書『悦ばしき知識』には、以下の記述があります。

ひるまずに
お前の立つところを深く掘り下げよ！
その下に泉がある！
「下はいつも——地獄だ！」と叫ぶのは、
黒衣の隠者流にまかせよう。

（『ニーチェ全集8　悦ばしき知識』信太正三訳／ちくま学芸文庫）

無理をせず、高望みをせず、まずは自分の足元を掘ってみようというメッセージです。そう言われてもあまりピンと来ないかもしれませんが、自分の好きなもの、興味・関心のあるものについて、もう一歩踏み出していろいろ調べてみる、というイメージでいいと思います。

それもプロではないので、自分のペースでできます。1日に最低10分はこのために使うと決めて継続するだけでも、1ヵ月、2ヵ月と経つほどに「深み」を実感できるのではないでしょうか。

例えば、YouTubeで何度となく再生している動画があるとすれば、自分にとって関心が高い証拠です。関連する動画を見てみるとか、その動画の何が好きなのかを自己分析してみるとか、掘り下げる方法はいくらでも考えられます。音楽やプロスポーツ、映画などでも同様です。

もっと端的に、好きな食べものを追求するだけでもいい。カレーとか、ラーメンとか、餃子とか、どれだけ食べても飽きないものがあるとすれば、それも一つの個性でしょう。

なぜそれほど好きなのか、他にどういう種類があるのか、掘り下げれば広大な世界が待っていると思います。

以前も、冷凍食品好きが高じて独自に勉強を始め、ついにはTBS系のテレビ番組『マツコの知らない世界』で冷凍食品の世界を紹介するまでになった方がいました。「好きこそものの上手なれ」と言いますが、飽きずに探究し続けること自体が一つの能力なのだと思います。

あるいは頭ではなく、身体を反復によって掘り下げる手もあります。かつて「徹子の部屋」に出演させていただいたとき、黒柳徹子さんは毎日50回のスクワットを欠かさないという話をされていました。その昔、ジャイアント馬場さんに勧められたそうです。

それも40回や49回ではダメ、かならず50回やるように教えられたらしい。ひとたび目標を下げると、翌日以降も下げてしまうから。決めた回数をずっと堅持することが、効果を生むポイントなのだそうです。

いかにもアスリートらしい発想でしょう。黒柳さんは、その教えをずっと守ってこられたわけです。

今日もなお第一線で活躍されているのは、このスクワットの影響も少なからずあるはずです。これだけ継続されていれば、強靭な身体になることは間違いありません。

いずれにせよ、反復メニューのラインナップが、その人の心技体を作ります。継続すればするほど、その人ならではの「深み」が生まれるのではないでしょうか。

味わいのある人を目指せ

以前から、私は日本テレビ系の深夜番組『月曜から夜ふかし』をよく見ています。街頭で出会った方にインタビューすることが多いのですが、日常でほとんどお目にかかれないような方がよく登場されるからです。

その最たる例が、「ジャガーさん」です。そこそこ高齢でありながら、まさにジャガーを思わせる奇抜な衣装と奇抜なメイクで、誰でも一度見たらけっして忘れないでしょう。実は成功している実業家であり、ミュージシャンであり、地元の千葉県市川市ではかねて有名人だったそうです。

その画面からは、周囲の誰からも愛されている様子が窺《うかが》えました。2021年に所属事務所から「ジャガー星に帰還した」と発表されて以来、ぷっつりと消息は途絶えたようですが、番組でも屈指の人気を誇っていました。

誰もがジャガーさんのようになれるわけではありませんが、世の中にはこういう方もいるということを知るには十分すぎるほどのインパクトがありました。昨今のキーワードの一つである「多様性」を地で行くような方だったと言えるでしょう。

またある回では、神奈川県三浦市の三崎港に毎週現れる男性を紹介していました。三崎港には、獲れた魚のおこぼれを狙って多くのネコが集まっています。男性はそのネコをかわいがっているわけですが、実は埼玉県在住とのこと。ネコに会うために、朝4時に起きてここまで来ているそうです。

インタビュアーの「いつまで続けますか?」との問いには、「ネコが滅びるまで」。要するにネコ好きが高じたのでしょうが、この長距離の往復を継続しているところがすごいと思います。やはり、常人にはなかなか真似できません。

もちろん、誰に褒められるわけでも、お金を稼げるわけでもありません。世間的な成功や名誉とはかけ離れたところに、ご本人は価値を見出している。「深み」というより、味わいのある人生とはこういうものかもしれません。

世間からどう思われようと、「自分はこれが楽しい」「これを続けたい」というものがあれば、それは幸福な人生でしょう。では自分にそういうものがあるか、「味わうこと」を目標に据えた場合、それに見合うだけのことをしているか、自問してみればいいと思います。

概して私たちは「自分には個性がない」「ごく平均的」と思いがちですが、よく考えればそうではないはずです。些細なことでもそれを見つけて、味わいを深めてみてはいかがでしょうか。

第5章

「継承」の尊さを理解する

「継承」が深みを作る

2023年3月に開催されたWBC（ワールド・ベースボール・クラシック）は、侍ジャパン（日本代表チーム）の優勝でおおいに盛り上がりました。大谷翔平選手をはじめとするメンバーの活躍もさることながら、栗山英樹監督の采配も見事だったと思います。

2021年末に就任した栗山監督が真っ先に行ったのは、「昭和の名将」と呼ばれた三原脩さんが残した「三原ノート」を読み込むことだったそうです。三原さんは戦後、巨人監督の座を追われた後、西鉄（現西武）、大洋（現横浜）、近鉄（現オリックス）、ヤクルトの監督を務めた人物です。

とりわけ有名なのが、1956年から58年に西鉄監督として日本シリーズで宿敵の巨人と対戦し、3連覇を成し遂げたことでしょう。その采配はしばしば「三原マジック」と称されましたが、ポイントは選手それぞれに役割を与え、徹底的に信じ切って自由に働かせること。選手を徹底管理して指示どおりに動かす「求心力野球」に対し、これを「遠心力野球」と言います。

その哲学を克明に記したのが「三原ノート」。栗山監督は日本ハムの監督時代から三原監督に心酔し、自身の采配の指針にしてきました。たしかに「選手を信じる」という言い方を、よく繰り返していた記憶があります。さらに代表監督に就任したことを機に、原本からあらためてコピーを取り、最初から読み直したというわけです。

実際、日本代表は比較的若い選手が中心のチームでしたが、アメリカでの決勝トーナメントでも物怖じすることなく、伸び伸びとプレーしていたように思います。選手をそういうマインドに仕向けたことが、栗山監督の最大の功績のような気がします。

またその支柱に「三原ノート」があったとすれば、それは三原監督の功績でもある。ひいては、三原監督に活躍の場を与え続け、その哲学を数々の名選手・名監督に受け継がせてきた日本プロ野球界全体の成果とも言えるでしょう。

私はここに、伝統の重みのようなものを感じます。もちろん高い能力を持つ選手の活躍あっての優勝ですが、彼らに自信と誇りを持たせたのが、およそ90年の歴史を持つプロ野球だったのではないでしょうか。

大会終了後、NHKの番組に出演した栗山監督は、「もう一度就任の要請を受けたら?」との質問に「監督ほど勉強になることはない。これは若い人がどんどん経験しなければ、野球界のためにならない」と答えていました。すばらしい見識だと思います。

人から人へ受け継がれ、模倣される情報や習慣、技術などを「ミーム(文化的遺伝子)」と言います。これは人の精神的な支えになるとともに、能力を引き出す大きな原動力にもなります。言い換えるなら、ミームを深く受け継ぐことが、その人の「深み」を作る王道だと思います。

以下に、その実例をいくつか探ってみます。

「ダルビッシュ塾」が撒いた〝深化〟の種

WBCといえばもう一人、優勝の立役者はダルビッシュ有投手でしょう。

36歳にして、メジャーリーグのサンディエゴ・パドレスと6年契約を結んだことは周知のとおり。もともと変化球を何種類も投げ分ける器用な投手でしたが、常に技術や身体の鍛錬と研究を続ける姿勢が高く評価されているのだと思います。この真摯さがあれば、40歳を過ぎても活躍し続けるだろうと判断されたわけです。

そのダルビッシュ投手がWBCへの参加を決め、しかもチーム強化合宿の初日から参加したことも話題になりました。栗山監督との信頼関係もあったのでしょうが、若い選手の範になる役割を買って出たようです。

実際、合宿初日から若い投手陣に投球のコツや変化球の握り方を惜しみなく教えたり、野球談義に花を咲かせたり。当時のメディアは、これを「ダルビッシュ塾」と称して報じていました。

ダルビッシュ選手自身に「リーダー」という意識はなかったようですが、若い投手陣にとって刺激になったことは間違いありません。もちろん彼らも野球エリートであり、一流の能力や技術論を持っているはずです。しかしダルビッシュ選手と身近に接することにより、上には上がいることを知る。どうすればメジャーという世界最高峰の舞台で活躍し続けられるのか、技術的にも、精神的にも学んだことは多いと思います。

彼らはそれぞれ所属チームに帰り、レギュラーシーズンで実績を残し、将来的には指導者となり、ダルビッシュ選手から学んだことに自分の経験を加えて後輩に伝えていく。この継承が続くかぎり、プロ野球はこれからも〝深化〟していくと思います。

見方を変えれば、すでに90年の歴史があるからこそ、プロ野球は本場のメジャーリーグにも負けず劣らず発展してきたとも言えます。数々の選手がアメリカで活躍できたり、チームとして互角で戦えたりするのは、これまでアメリカから学んできた技術や文化を継承し、蓄積してきたからでしょう。あるいは若い佐々木朗希投手が２０２２年に完全試合を達成できたのは、本人の能力はもちろんですが、そこにプロ野球界が長年培ってきた投球術や練習法が加わったからだと思います。端的に言えば、日本のプロ野球には90年の「深み」があるわけです。

一方、今伝統を作っているのがサッカーです。今や日本代表チームはすっかりワールドカップ本戦出場の常連になり、海外のプロチームで活躍する選手も増えました。しかし今すぐ世界のトップに立てるかと言えば、難しいかもしれません。

その理由はいろいろ考えられますが、おそらくもっとも大きいのは歴史の違いです。イギリスで世界初のクラブチームが誕生したのは19世紀半ば、そしてプロリーグが発足したのは19世紀末です。一方、日本でJリーグが開幕したのは1993年。およそ1世紀の時間差があるわけです。

この間の技術・文化の蓄積の差は侮れません。今は懸命に深掘りしている最中で、将来的には追いつくことが期待されます。

将棋の藤井聡太さんのような大天才と言われる棋士も、将棋文化の伝統が生み出した存在です。「伝統を継承している」という意識が、個を強くしてくれるのです。

伝統校に残るDNAと深み

「ダルビッシュ塾」にかぎった話ではありません。人から人へ、何か深いものを伝えようとするとき、塾という緊密な空間はきわめて有効です。

もちろん学校もそのための場です。日本の学校制度は、明治時代の初期に西洋を模範にして誕生しました。その後、学校は全国津々浦々にすさまじい勢いで普及します。このスピードは、日本の近代化の象徴と言えるでしょう。

ただし、そこで導入されたカリキュラムは、全国一律で教育水準の底上げを図ることを目的にしていました。ある分野について深く教えることができたかと言えば、それは難しかったわけです。また生徒・学生の側も、かならずしも全員が勉強熱心だったわけではありません。それは当時も今も同じです。

一方、塾は学校と一線を画しています。受験のための一般的な学習塾はやや性格が異なりますが、もともとは何かについて「深く学びたい」という情熱を持った人が集まり、師範や先生がそれに応えて教えたり議論したりする場でした。実は入門することさえ、相応の意欲を見せなければ難しかったほどです。

例えば若き日の福沢諭吉は、大阪の適塾で学びました。蘭学者で医師の緒方洪庵が主宰する私塾で、なかなか過酷な日々だったようです。その生涯を綴った『福翁自伝』によれば、塾生は分担してオランダ語の医学書を辞書を片手に翻訳し、その出来によって席順が決まったらしい。つまり、完全な実力主義の競争社会だったわけです。

しかし、学問を求めて全国から集まってきただけに、塾生にとっては望むところだったようです。先述したように、もっと難解な原書はないかと競うように読み漁っていました。また緒方先生の講釈を聞きながら、その知見の広さ・深さに感動したと述べています。

塾生どうしで飲みに行ったり、ケンカしたりも茶飯事。情に厚い緒方先生との交流についても述懐しています。お金がないときや体調を崩したときなども、親身になって支えてもらったようです。

明治維新直後、福沢は新政府からの出仕の要請を断って慶應義塾を創設します。今ではすっかり巨大な大学になりましたが、当初は適塾のような塾を主宰し、新時代を切り開く若者を育てようとしたのでしょう。明治から戦前、戦後、今日に至るまで、各界で活躍する数多くの卒業生を見ると、福沢の思いは見事に受け継がれている気がします。またその結果、慶應義塾出身と言えば世間から一目置かれるし、期待もされます。これが伝統校の「深み」というものです。

文化遺産を後世に継承する尊さ

人から人へ何かを継承する場は、塾や学校だけとはかぎりません。例えば芸能の世界などは、伝統的な技術や文化を代々受け継ぐことによって成り立っています。しかもメジャーとは言えない分野の場合、後継者がいなければ断絶のおそれもあります。それを受け継ぐプレッシャーや使命感が、その人の人格を形成し、伝統文化の一翼を担っている。これも「深み」のある世界だと思います。

かつて私は、ある高齢の先生から能楽を習っていたことがあります。その先生ご自身は、常にシテという主役の練習をされていました。ただ、能舞台そのものがそう頻繁にあるわけではありません。舞台があっても得意の演目かどうかはわからないし、主役として呼ばれるかどうかもわからない。つまり、練習の成果を披露できる機会はきわめて限定的なわけです。場合によっては、生涯訪れないかもしれないと仰っていました。

それでも先生は練習を怠りません。できる演目の数を増やし、いつ声がかかっても対応できるように準備されていた。その姿勢には脱帽するばかりでした。

ではその使命感の源泉は何か。先生は若いころ、師匠のもとで芸を磨きました。まだビデオもテキストもない時代だったので、師匠の所作を目に焼き付け、セリフを口写しで覚え、指導の言葉をひと言も逃さないように神経を使いながら、何度も復唱して身体に刻み込んだそうです。毎回の指導がどれほど緊張感に満ちていたか、想像に難くありません。

しかしそれも、個人の練習を怠ると忘れてしまう。だから連日、反復練習と演目の研究に余念がなかったわけです。

それに、先生の芸は先生の身体から発するものですが、先生個人のものではありません。今日の能の歴史を振り返ると、発祥は室町時代の観阿弥・世阿弥です。そこからいくつかの流派に分かれながらも、それぞれの時代の能楽師によって芸が受け継がれてきました。

ところが、江戸時代には歌舞伎が人気を博す一方、能は幕府の「式楽」（儀式等で披露される公式な芸能）となって庶民の目から遠ざかります。さらに明治時代になると幕府の庇護を失い、廃業を余儀なくされる能楽師が多数現れました。

それでも断絶することなく代々受け継がれ、古典芸能として今日にその姿を留めているわけです。現代の能楽師はその継承者であり、存続を期して後世に引き継ぐ使命感を持っている。日々の練習にも熱が入るのも、当然かもしれません。

その使命感は、誰に命令されたわけでもありません。もしかしたら、披露する機会すらないかもしれない。それでも背負い続け、また次代を担うために背負いたいという人も現れるわけです。これこそ「文化遺産」の重みであり、その担い手に「深み」を感じずにはいられません。

伝統を背負う職人の深み

古典芸能のみならず、職人の世界もある種の伝統芸であり、「深み」を感じさせる文化遺産だと思います。

先日も、NHKで「玉鋼」という希少な鋼鉄の製造過程を追う番組がありました。最高級の日本刀に欠かせないもので、しかも最先端の機械を使っても、データ分析をしても製造は困難。「たたら製鉄」と呼ばれる、すべて熟練の職人たちの経験と勘に頼った手作業でしか作れないそうです。

コロナの影響により、以前は年3回だった製造は年1回。総勢12人の職人が役割を分担し、手製の炉に3日3晩にわたって砂鉄と木炭を投入し続けるとのこと。とにかく火の調整が大事なので、真っ黒に日焼けしながら、あるいは火の粉を浴びて火傷を負いながら作業を続けるわけです。

しかし考えてみれば、日本刀は今や高級な芸術品で、ふだん私たちの目に触れることも、まして使われることもありません。乱暴な言い方をすれば、刀鍛冶の文化自体が人知れず消滅してしまうおそれもあるわけです。

それに玉鋼も、どれだけ細心の注意を払って作っても、上手く行くとはかぎらない。

最後に炉を壊して取り出してみるまで、出来不出来はわからないそうです。合理性の観点では、かなりリスクの高い作業と言えるでしょう。

それでも、存続することに意義がある。実はこの作業自体、大手金属メーカーのプロテリアル（旧日立金属）による支援事業で、職人の多くも同社の社員らしい。合理性とは別に、モノづくりの精神を学び、古来の技術を守り、後世に伝えることに価値を見出しているようです。

そういう使命を帯びているせいか、画面に登場する職人の方々は真剣そのもの。しかし、火傷をしていても、どこか楽しそうでもありました。

伝統を背負うことには責任が伴いますが、それはたいへん名誉なことであり、喜びでもある。だから、たとえ多くの人の目に触れることはなくても、全身全霊を傾けたくなる。いわば歴史が現代の人を衝き動かしているわけで、その作用には「深み」とともに尊さすら感じます。

継承の「深み」がわかる人になれ

大きな文化や自然に接し、それを継承しようとする人は、その使命感や責任感だけで人並み以上にがんばれてしまう。そういう事例は、案外私たちの周囲にもあるかもしれません。

例えば盆栽。人の目を引くような作品を作り上げるには、長く伝わる非常に高度な技術が必要です。先日も、私は崖から垂れ下がっている松をイメージした盆栽を見学する機会がありました。小さな鉢なのに非常に雄大に見えます。この世界観が盆栽の魅力です。

こういう作品を作り上げるには、多大な手間と時間が必要です。ただし、その技術は作者が単独で思いついたものではなく、文化として伝承されてきたもの。こう育てればこうなる、こう切ればこう見えるといったノウハウが、多くの先人たちの継承や工夫によって蓄積されてきたのでしょう。

その恩恵を受けつつ、プロも好事家も自分なりの最先端の作品を目指す。過去から多く学ぶほど、より優れた作品に仕上がるはずです。まさに「温故知新」の世界で、非常にクリエイティブであり、深みのある作業だと思います。


あるいは音楽もそう。モーツァルトやベートーヴェンを現代人がまったく違和感なく聴けるのは、プロ・アマを問わず代々にわたって学び、解釈し、演奏する音楽家が世界中にいたからです。

また昨今の若い世代にとっては、1970~80年代の音楽が〝クラシック〟のようです。ＹｏｕＴｕｂｅなどで山口百恵や松田聖子や中森明菜を知り、「ファンになった」「まったく古さを感じない」「リアルタイムで聴いていた人がうらやましい」といった高校生や大学生の声をよく聞きます。

リアルタイムで聴いていた私からすれば、若い世代と感性を共有できたようで、少し嬉しく思います。ただ現在のいわゆるJポップと呼ばれる音楽も、かつての歌謡曲やアイドルの曲などが何層も積み重なった上に成り立っています。つまりJポップを深掘りすれば、こういう音楽に突き当たるということでもある。その意味では、彼らがファンになることに違和感はありません。

ポイントは、こうして数十年前の〝クラシック〟に触れてみたいと思うこと、それを「いい」と感じること。「古いものはいらない」と切り捨てなかったことです。やや大げさに言えば、彼らは好きな音楽の地層を掘り返すことで、時間を飛び越えて好きなものに出会った。あるいは時間をかけて積み重ねられたものの魅力や奥深さを感じた。その感性こそが「深み」だと思います。

現代では、「塾」で厳しく指導されることはきついかもしれません。古典芸能を受け継ぐことも、古来の技術を身につけることも、能力や環境で選ばれた人の特権でしょう。しかし何かに出会ったとき、その背景に長い歴史や伝統があること、駅伝のように誰かが襷を受け継いで今日に至っていることを想像したり、調べたりすることはできます。そこに思い至るだけでも、「深み」を実感できるのではないでしょうか。

つまり重要なのは、自分自身が深い人間かどうかはともかく、「深み」がわかる人間になること。端的に言えば、あらゆるものに歴史があり、それを繋いできた人がいることに思いを馳せ、そこに敬意や感動を覚える感性を持つことです。

例えば、ここに一つの芸術作品があれば、そこにはかならず作者がいて、技術や思想が込められていることは間違いありません。ただし、本当に作者一人で作り上げたかと言えば、そうではないでしょう。作者がこれまで何に影響を受け、誰に学び、その分野のどういう系統に属するか。それらのすべてが、作品に少なからず反映されているはずです。

鑑賞する側としては、一つの作品からそれを遡って調べれば、理解がいっそう深まります。そこには当然、愛着や尊敬やもっと知りたいといった感情が湧いてくるはずです。つまり、「深み」にハマるわけです。

この思考が習慣になれば、この世の中も案外捨てたものではないと思えるのではないでしょうか。

人生の幸福は「深み」を共有すること

何かの「深み」を知ると、同じ「深み」を知る者どうしで濃いコミュニケーションが可能になります。

その典型が「オタク文化」でしょう。評論家の岡田斗司夫さんは「オタキング」を自称し、ファンからも「オタクの教祖」として崇められています。たしかに、アニメやゲームのようなサブカルチャーに圧倒的に詳しく、また一家言を持っておられる。一つの作品について語り始めると、延々と講義できてしまうほど造詣が深いわけです。

アニメやゲームに詳しくない人にとっては、いったい何を熱く語っているのか理解できないでしょう。しかし好きな人にとってはたまらない。その作品が生まれた歴史的背景や影響を受けた作品など、おそらく多くの人が気づかなかったもっと深い世界へ導いてくれるからです。

それに、岡田さんのような存在がいてくれるから、オタク同士のコミュニケーションも可能になります。ふだん自分の周囲にいる詳しくない人と話が噛み合わなくても、例えばSNSなどを通じて知り合い、存分に語り合うこともできる。さながら深海で仲間に出会うような感覚でしょう。

そこで情報交換や意見交換をできれば、その世界をますます深く知ることになる。もっと「深み」にハマってみたいと思うようになる。大げさに言えば、仕事や家庭といった世事とは関係なく人生の楽しみを見出せるわけです。

これこそ、人間にとって文化が欠かせない大きな理由だと思います。表面しか知らなければ、まったく価値のないものに見えるかもしれません。しかし深掘りすることで、自分にとってかけがえのないものになる。そういうものをより多く持つこと、深く知ること、そして同好の士と語り合えることこそ、豊かな人生と言えるのではないでしょうか。

第6章

「深い人」に見られるための処方箋

何か一つ、人に語れる分野があればいい

ここまで、「深みのある人」になるにはどうすればいいか、世の中のどこに「深み」があるのかについて考えてきました。

しかしもう1つ、「深み」について言及すべきテーマがあります。周囲から「深みのある人」に見られるにはどうすればいいか、ということです。

特に中高年にとって、「浅い」「軽い」「薄っぺらい」などと評価されることは、なかなか辛いものがあります。若いうちならともかく、年齢相応の重厚感や威厳を醸し出したいところです。できれば若い人から「さすが」と思われたいし、信頼されたいし、相談の一つも受けてみたいところでしょう。

とはいえ、「深み」は一朝一夕に身につくものではありません。これまで若さをアピールするため、意図的に「軽さ」を目指してきたような人はなおさらです。

ではどうするか。即効性を求めるのであれば、「深みがある人」に見えるように自己演出するしかありません。裏返して言えば、コミュニケーションにおいて軽薄と捉えられないように気をつける、ということです。本章では、そのポイントをいくつか挙げてみます。

まず前提として、「万能の神」を目指す必要はありません。ふだんは「深み」のない会話ばかりでも大丈夫。知ったかぶりをしたり、気の利いたことを言おうとしたりすると、たいてい墓穴を掘ります。その代わり何か一つ、これだけは詳しいというものがあれば、それで十分に「深み」を感じてもらえると思います。

例えば学生にはそれぞれ得意・不得意な授業があります。不得意もしくは関心が薄い授業では、そもそも知識が足りないため、発言を求められても浅い回答しかできません。

しかし得意な授業や自分の興味・関心の高いテーマになったときは、相応に勉強しているので、鋭い発言ができる。または自分の詳しい分野にうまく置き換えて話をする。すべての私の問いかけに自分が得意な能楽にからめて見事に返答した学生もいました。そういう一面を見せられると、周囲の学生たちも一目置くようになるわけです。

社会人のコミュニケーションも、これである程度は通用すると思います。いわゆる「仕事ができる人」が尊敬を集めるのは世のならいですが、仮にそうではなくても、例えば最新のＩＴやＡＩの事情に詳しいとか、独特な人脈を持っているとか、「釣りバカ日誌」のハマちゃんのように釣りに目がないとか、何か人に語れるものがあれば、ひとまず存在は認知されます。深い部分〝も〟あると示すことで、浅いだけの人という評価からは解放されるでしょう。

それをひけらかすのは逆効果ですが、ふだんのコミュニケーションの中で、その片鱗を見せるタイミングもあるでしょう。多少なりとも誰かの役に立つように繰り出せれば、より効果的です。

太宰治の得意技は「視点移動」だった

ひと昔前、ハリウッド映画の宣伝文句としてよく見かけた言葉に「全米が泣いた」があります。今ではすっかりジョークとして使われますが、たしかにわかりやすい反面、3億人超のアメリカ国民を「全米」と一括りにしているわけで、およそ「深み」のカケラもありません。

しかし翻って考えてみると、概して映画の感想というものは、複数に聞いても似たものになりがちです。「全米」とまで言えるかどうかはともかく、「泣いた」「笑った」「感動した」といった情感を表す言葉が多くなるのが常。制作者も観客にそう感じてもらおうという意図で作っているので、当然といえば当然でしょう。

ということは、少し角度の違う感想を述べれば「深い」と思われる可能性があります。もっとも簡単なのは、主人公以外の人物に焦点を当てて語ること。例えば太宰治の「走れメロス」の感想というと、やはりメロスの心情や友情を称えるものが多くなります。

では、親友で、身代わりの人質となったセリヌンティウスの心境はどうだったのか。メロスが走っている間、セリヌンティウスに関する記述はありません。そこで、どんな思いで待っていたのかを想像して言及すれば、異彩を放つ感想になるはずです。別に鋭い分析も、メロスやセリヌンティウスに匹敵するような厳しい経験も必要ありません。

ただ少し視点を変えるだけ。これはちょっとしたワザとして覚えておいて損はないと思います。

余談ながら、これは太宰治が得意とした手法でもあります。例えばイエス・キリストの物語というと、迫害を受けながらも多くの人々を救い、最後は使徒の一人のユダに裏切られて十字架刑に処されるという話がよく知られています。

ところが、太宰治の「駈込み訴え」という作品の主人公は、裏切り者のユダ。実はイエスを愛するがあまり、しだいに憎悪を募らせていく心情を、ユダの怒濤の一人語りで綴っています。「新約聖書」に登場する有名なエピソードをユダの視点に置き換えて逆説的に解釈するなど、見事な短編です。

ついでに言えば、終戦直後に書かれた「男女同権」という短編も秀逸です。時代は民主主義の黎明期で、それまで虐げられていた女性がようやく男性と同じ権利を持つと言われた時期でした。

この作品は老詩人による講演録という形ですが、そこで語られているのは、自分がこれまで出会ってきた女性にどれほどひどい目に遭ってきたか。しかし、世間的に立場が弱いとされている女性を批判することは許されなかったと説きます。

そこで最後に、老詩人は訴えかけます。

〈もうこれからは、女子は弱いなどとは言われません、なにせ同権なのでございますからなあ、実に愉快、なんの遠慮も無く、庇うところも無く、思うさま女性の悪口を言えるようになって、言論の自由のありがたさも、ここに於いて極点に達した観がございまして、（略）私のこれからの余生は挙げて、この女性の暴力の摘発にささげるつもりでございます。〉

近年も、男女をはじめさまざまな差別や格差の問題があり、その解消が大きな焦点になっていることは周知のとおりです。しかし、一面だけを見て拙速な議論を進めることは危険。この作品も、多様な視点で考えることの重要性を教えてくれます。

「自分の考え」は「イノベーション」で生み出せる

フランスの教育現場では、小さいうちからできるだけ他人と違うことを考え、意見を述べるように教えているそうです。同調することより、個性を主張することがよいとされているわけです。

一方、日本の社会は同調圧力が強いとよく言われます。自分の意見を通すより、周囲の意見に合わせることを重視する傾向があるわけです。だから視点を変えるのも、場合によっては勇気が必要だったりします。これでは「深み」は出にくい。

ただし2020年度から導入された「新しい学習指導要領」では、「思考力・判断力・表現力」が重視され、しっかり自分の考えを持つことが推奨されています。将来の日本人の姿は、少し変わるかもしれません。とはいえ中高年にとっては、もはやそういう教育を受ける機会もないでしょう。

ではどうするか。練習方法の一つとしては、例えば何か意見を求められたとき、最初に浮かんだ考えを捨てるという手があります。同調する癖がついているとすれば、真っ先に考えるのは「周囲がどういう意見か」でしょう。とにかく波風を立てないよう、空気を読もうとするわけです。

それを否定することから始めると、たちまち路頭に迷ったような気分になるかもしれません。だからこそ頭の体操になる。忖度ではない、自分の考えをまとめようという気になるはずです。

私はしばしばニュース番組にコメンテーターとして出演しています。複数のコメンテーターの方と同席している場合、もちろん同じことを言うわけには行きません。だから1つの話題ごとに、瞬時に2~3個のコメントを用意するように心がけています。

実は同じ要領を、学生に求めることもあります。例えばあるテーマについて複数の学生に考えを聞くと、だいたい似通った意見になりがちです。それでは1人目はともかく、2人目以降が霞んでしまう。だから意識して違う意見を言うように〝縛り〟をかけているわけです。

しかしそうすると、今度は順番が後になるほど〝縛り〟がきつくなります。そこでアドバイスしているのが、「イノベーション」の手法。

主に「技術革新」と訳されますが、もともとの訳語は「新結合」でした。

つまり、既存のものを組み合わせて新しいものを生み出すということです。実際、世の中に登場する新商品や新サービスの大半は、ゼロから生み出されたというより、既存のものの組み合わせによるものでしょう。

意見についても同じこと。これまで3〜4つの異なる意見があるとすれば、それをつなぎ合わせ、もしくは〝いいとこ取り〟をして自分の意見にしてしまえばいい。

「インスパイアされた」ということにすれば、それまでの発言者も悪い気はしないはずです。またイノベーションが社会・経済を発展させてきた歴史に倣えば、後に出す意見のほうが高く評価されるかもしれません。

「全員の意見を総括してくれた」「懐が深い」などと称えられれば大成功でしょう。

「優柔不断」は「柔軟性」に転化できる

時代がどんなに変わっても、周囲の人がどれほど助言しても、自分のやり方を絶対に変えない。そういう頑固一徹な職人気質《かたぎ》な人は、「深み」があるように見えます。長い年月をかけて熟練技を身につけ、これ以外に生きる道はないと見定めた潔さのようなものを感じるからです。

しかし多くの人は、そこまで頑固にはなれないでしょう。何らかのポリシーのようなものは持っていても、状況や相手によって揺らいだり引っ込めたりしているのではないでしょうか。

それは中高年でも同じこと。ある意味で「カッコ悪い」し「優柔不断」な感じもしますが、それを逆手に取って考えればいい。頑固一徹は「頭が固い」ということでもあります。若い人にとっては、つき合いにくい相手かもしれません。

一方、優柔不断は「柔軟」とも言い換えられます。つまり、若い人の意見をどんどん受け入れることができる。実際には自分で決められないだけかもしれませんが、「それいいね」「面白そうだね」「やってみたらどう？」とにこやかに対応するだけで、評価は格段に上がるでしょう。若い人からは「聞く耳を持っている」「包容力がある」と歓迎されるはず。これも「深い人」に見える一条件です。

そこに若い人への思いやりが加われば、「深み」はいっそう増します。かつてタレントの関根勤さんが、ある番組で「なぜ誰に対しても肯定的に評価するのか」と尋ねられたとき、「自分はみんなの守護神でありたいから」と回答されていたことがあります。「肯定的なことしか言わない人が必要」とも話されていました。

たしかに、例えば会議やプレゼンの場で自分の発言への反応がイマイチだったとき、もしそこに関根さんがいて「なるほどね」「いいアイデアだね」などと大きく頷きながら言ってくれたとしたら、どれほど救われるでしょうか。

あるいは２０１３年、今や日米のスーパースターとなった大谷翔平選手が日本ハムファイターズの一員としてプロデビューした当初、評論家の多くは二刀流での起用に懐疑的でした。「調整が難しい」「プロはそんなに甘くない」「いずれどちらか一方に絞ることになる」といった具合です。

その中で、当初から「能力があるんだから挑戦すればいい」と一貫して言い続けていたのが、当時評論家だった落合博満さんです。若い人の前代未聞のチャレンジを、卓越した鑑識眼をもとに応援する。こういう中高年の姿勢に「深み」を感じるのは、私だけではないでしょう。

もちろんお笑いやスポーツ界とビジネスの世界は違いますが、いずれにせよ、自分を肯定してくれる人、可能性を信じるようなコメントをしてくれる人に悪い印象を持つはずがありません。そこに度量の大きさを感じ、もっと期待に応えようと奮闘するのがふつうです。そういう存在になることが、優柔不断を自覚している中高年の生きる道、という気がします。

これは、けっして難しいことではないでしょう。要は、常に若い人を支援したり擁護したりする立場に回ればいい。若い人への対抗意識や嫉妬心、あるいは性格的に合う・合わないもあるかもしれませんが、それが見え隠れすると、たちまち「器の小さい人」

という印象になります。たとえ本心は別のところにあったとしても、人前では表向きはポジティブに評価する一辺倒でいいと思います。

結果的にその若い人がうまく行かなかったとしても、それは仕方がありません。自分が責任のある立場にいるなら、一緒に批判される覚悟が必要。失敗を踏まえて再チャレンジするよう促すのも、「深み」のある人らしい行動だと思います。

〝上手に〟経験や歴史を語り継ぐ

ただし部外者ならともかく、上司と部下や先輩と後輩の関係なら、若い人を単に応援するだけでは足りません。管理者や年長者として、失敗を防ぐために必要なら軌道修正を図る必要があります。

もっともオーソドックスなのは、経験や歴史を語ること。ある程度年齢を重ねれば、個人としてはもちろん、会社や業界で過去にどういう動きがあったのか、だいたい頭に入っているはずです。これから若い人がやろうとしていることとその記憶をすり合わせ、似たようなエピソードを提示できればおおいに参考になるはずです。「さすが、伊達に長く勤めていないな」と思ってもらえるでしょう。

それも、冷水を浴びせる形になっては逆効果。「だからダメだ」という説得材料にすると、急に頭が固くて古い感じになります。望ましいのは、できるだけ追い風になるようなエピソード。かつてヒットした商品があったとすれば、何が良かったのか、どういう問題をクリアして、どういう売り方をしたのか等々をコンパクトに語ればいい。あるいは失敗例を出すにしても、「このときはここがマズかったから気をつけろ」とすれば、いい激励になります。

これは、会社組織にとっても重要なプロセスだと思います。先輩から後輩へ、もちろん仕事の引き継ぎは茶飯事でしょうが、事務的に行われるだけではもったいない。具体的なエピソードも含め、成功・失敗の経験知そのものを次世代に伝えることが、その会社の財産になるはずです。その役割を全うできる人は、会社の上からも下からも尊重されて当然でしょう。

やや大げさに言えば、私たちが広く歴史を学ぶ意義もここにあります。先人たちの苦労や失敗の経験から教訓を引き出し、自分たちの生活や社会の指針としながら、後世にもそれを伝えていく。それは現代に生きるすべての人間の役割であるとともに、楽しみにもなり得ます。

私たちは歴史の多くを本から学ぶわけですが、どの地域のどの時代を切り取ってもさまざまなドラマがあり、共感や尊敬があります。しかも歴史は調べれば調べるほど奥が深いわけで、際限がありません。

その詳細を誰かに話す機会はおそらくないし、あっても相手に煙たがられるだけだと思いますが、自分で何かを考える際の立脚点にすることはできます。それを踏まえて意見を述べれば、自ずと「深み」を醸し出せるのではないでしょうか。

反論は議論ではなくアイデアで包み込もう

中高年の場合、会社組織の中では中間管理職として調整役を担うことがよくあります。上司の方針にしたがって具体的な策を考え、部下に仕事を割り振る。もしくは前述のように部下の提案にアドバイスしながら、上司に報告する。ストレスが溜まりやすい役割ですが、もっとも思いどおりに仕事を進めやすいポジションでもあります。

その成否を分ける大きなポイントは、対立の構図を作らないことです。さまざまな立場から寄せられる意見は、一致しないことのほうが多いと思います。また自分自身も相応の経験や知識があるため、やりたい方向というものがあるでしょう。

それらをガチンコの議論でまとめようとしても、まずうまく行きません。〝勝者〟は決まったとしても、組織内に恨みが残ります。特に上司の場合、自分の方針に部下がしたがわないとなるとマネジメント能力を問われるし、何より感情的に嫌悪したくなります。部下としては、上司に「敵認定」されて闘争本能に火をつけてしまうことは、けっして得策とは言えません。

例えば上司がある方向性を示したとき、上司より現場を知っている部下から見て、絶対にうまく行かないと感じたとします。しかし、それをストレートに言うとたいへん面倒くさいことになります。仮に議論して言い負かしたとしても、そのまま自説が通るとは考えられません。むしろ、職場の空気がギクシャクするだけです。

そこで考えるべきは、方向性の具体化、もしくはプラスアルファと称していくつか選択肢を用意すること。A案、B案、C案などと軌道修正を加えた案を提示して「どれで行きますか」と尋ねれば、上司も悪い気はしないはずです。むしろ「アイデアを出せる部下」として評価が上がるかもしれません。

アイデア自体は、そう画期的である必要はありません。ポイントは、アイデアの目新しさよりも「深み」です。たとえ平凡なアイデアでも、どこまで練っているかを示すことが大事。こういう前例があるとか、いろいろな事態を想定してこういう手を打つとか、こういう人たちに協力してもらうとか、具体的にイメージできるようなら説得しやすいでしょう。

上司の立場で考えると、もっとも扱いにくいのはやる気が感じられなかったり、いかにも不満がありそうだったりする部下です。これは心構えの問題なので、指導するのも簡単ではありません。だいたい職場は学校ではないので、「ならば重要な仕事は任せられない」と判断するだけでしょう。

逆に言えば、部下として真剣に取り組んでいる姿勢さえ示していれば、アイデアは平凡でも、上司は助かるわけです。「この部下が言うなら任せてみよう」という気にもなります。ある程度度量のある上司なら、示した方向性が軌道修正されたとしても、部下との関係性や信頼性のほうを重視するはずです。

かつて私は、いくつかの武道を習ったことがあります。このうち空手の組手では、手や脚が相手とバッティングするとお互いに激痛が走ります。しかし太極拳の場合は、ゆっくり大きく円を描くように動くのが基本。また合気道になると、相手と力勝負で戦うのではなく、呼吸やちょっとした動作によって相手の力や勢いを取り込み、自分の力に変えるところに特徴があります。

もちろん、それぞれの武道に優劣はありません。しかしビジネスパーソンとして周囲に「深み」を感じさせたいなら、目指すべきは空手型ではなく、太極拳型もしくは合気道型でしょう。

キラーワードは「俯瞰的に見ると」

概して若いうちは、目の前の仕事をこなすことで精一杯になりがちです。だから入ってくる情報が限られ、状況判断も近視眼的・短絡的になる。中高年の役割の一つは、彼らよりは長いキャリアを活かし、彼らの視野を少し広げさせることでしょう。それができれば、「ものの見方が深い」「判断が冷静」と評されると思います。

サッカーで言えば、かつて日本代表のキャプテンを務め、ドイツのブンデスリーガでも活躍中の長谷部誠選手のような存在を目指すということです。若いころは攻撃的なポジションを担う選手でしたが、戦況を把握する能力や守備能力が買われてだんだんポジションを後ろに下げ、近年はすっかりディフェンダーの中心選手として信頼されています。

最前線で常にゴールを狙う選手も魅力的ですが、後方で試合を冷静にコントロールし、チームの精神的支柱になっている選手には「深み」がある。これは、長くサッカーを見続けているファンなら共通して感じていることだと思います。

私たちがフィールドで長谷部選手のようなプレーをすることは無理ですが、それぞれの現場で真似ることはできます。キラーワードはたった一つ、「俯瞰的に見ると」。意図的にそう発言し、全体像を把握する習慣をつければいいのです。

大きなポイントは、情報が一面的になっていないか常に注意すること。部下から寄せられる情報には、バイアスがかかっていたり重要な部分が抜け落ちたりしていることがよくあります。長年の知見をもとに、それを見抜いたり指摘したりできれば、間違いなく「深み」を感じてもらえるでしょう。


これは仕事に限った話ではありません。社会で起きている出来事に対しても、そういう目線を注ぐことが大人としての「深み」です。

例えば、今日の世界にとっておそらく最大の関心事であるウクライナ戦争について。侵攻しているロシア側に非があることは厳然たる事実です。早期の撤退は誰もが願うところでしょう。

しかし、だからと言ってロシアを「ならず者国家」、プーチン大統領を「狂気の独裁者」などと断じるだけでは、そこで行き止まりです。憎悪の応酬からは何も生み出せないというのが、歴史の教訓です。ロシアの蛮行を許さないのは前提として、事態を多角的に捉える姿勢があっていいはずです。

まず事実関係として、歴史的にロシアに非常に近かったウクライナがヨーロッパ側に与し、ましてNATO（北大西洋条約機構）に加盟する可能性まであるとすると、ロシアにとって安全保障上のたいへんな脅威になるという問題があります。

フランスの高名な歴史学者・人類学者エマニュエル・トッドは、著書『第三次世界大戦はもう始まっている』（文春新書）で、この戦争はアメリカとNATOが主導し、ロシアはそれに乗った、という見立てをしています。

また「日本の読者へ」という序文を掲載した近刊『我々はどこから来て、今どこにいるのか？』（文藝春秋）では、この戦争を「生産する国＝共同体家族の国」と「消費する国＝核家族の国」の争いであると看破しています。もはやロシアとウクライナの問題ではなく、世界情勢全体に関わる問題であるというわけです。

これらをどう判断するかはともかく、世の中にはこういう見方もあるということを覚えておいて損はないでしょう。少なくとも視野が広がり、考える材料が増えることはプラスのはずです。

一歩引いて世界情勢を俯瞰的に見ることで、解決の糸口も探りやすくなる気がします。また一連の経緯は、核兵器のあり方や国連の無力化、さらには日本を含む東アジアの不安定化という問題も引き起こしています。軍事面のみならず、歴史や経済、外交の観点からも注視する必要があると思います。

私たちは戦争の直接の当事者ではありませんが、人類の悲劇としてある意味で当事者意識を持ち、そこまで幅広く考えた上で見識を語ることで、初めて「本物の深みをもった人」として見なされるのではないでしょうか。

情報を「インテリジェンス」に昇華させる

ウクライナ戦争に限った話ではありません。「俯瞰的に見る」ためには、一つの話題についても、できるだけ複数の角度から情報を得ることをおすすめします。私も日々、多くの記事やSNS上の書き込みなどに目を通すことを習慣化しています。

そうすると、同じ事実を報じるジャーナリズムでも読者層によってさまざまなバイアスがあること、また専門家でも見解がバラバラであること、さらにネット上では無数のフェイクニュースが飛び交っていることがわかります。その時点で、一つの見方に飛びつき、信じ込んでしまうことがいかに危険か、容易に気づけるでしょう。

今や情報は、得ようと思えばいくらでも得られます。重要なのは、それを統合し、分析し、自分たちの思考や行動に活かすこと。つまり「インフォメーション」に留まらず、それを「インテリジェンス」に昇華するわけです。

一見すると難しそうですが、「量こそ質」だと思います。あるテーマについて大量の記事を読んだり本で勉強したりすれば、だんだん全体像が見えてきます。新たに得る情報が重要か末節かあるいはフェイクか、即座に見分けられるようになります。あるいは自分の発言に自信を持てるようになるし、反論されても動じなくなります。これが「識見」というものでしょう。

識見のある人の思考や判断は、必然的に「深み」があるものになるはずです。つまり、個人的に特殊な才能や特異な経験がなくても、「インテリジェンス」によって「深み」のある人になり得るわけです。

そう考えると、いかに日々の勉強が大事かがわかります。第一歩として、いつもよりもこまめに新聞を読む習慣をつけてみるのも良いと思います。

第7章
あの人の言葉には、なぜ「深み」があるのか

言葉の背景を知れば、深みが増す

世に「名言」と呼ばれるものは無数にあります。

ただそれは、どれほど美しい言葉かより、誰が言ったかによって「深み」が違ってきます。その文言の背景にあるストーリーを知ることで、いっそう私たちの心の糧になるということです。

例えば、「人の一生は重荷を負うて遠き道を行くがごとし」とは万人に当てはまりそうな言葉ですが、これが徳川家康の「遺訓」の冒頭だと知れば、重みが違ってきます。家康の背負った「重荷」に比べれば自分の荷物などたかが知れている、と思えてくるのではないでしょうか。

あるいは「世の人は　我を何とも言わば言え　我なす事は我のみぞ知る」は自分を鼓舞する威勢のいい歌ですが、作者は周知のとおり坂本龍馬です。自分の力量のみで道を切り開き、国家の大改革にも一役買った短い生涯と重ね合わせると、この歌にいっそう迫力が宿る気がします。

また「I Have a Dream.（私には夢がある）」は慣用句のようですが、1963年の公民権運動のさなか、マーチン・ルーサー・キング牧師が演説で反復したことにより、世界中の人々の心に刻まれる言葉になりました。キング牧師が何と戦ったのか、今なお世界中に残る差別の問題と合わせて知れば、反復の意味はより浮き彫りになるはずです。

そこで本章では、7人の著名人による名言を取り上げながら、その言葉に込められた意味を探り、私たちの心により深く〝刺さる〟ようにしてみたいと思います。

松下幸之助の「運命を味方にする言葉」

まずは、今でも「経営の神様」と称される松下幸之助の言葉から。その著書『松下幸之助　成功の金言365』（PHP研究所）は、文字どおり松下幸之助が残した数々の言葉を、1日に1つずつ1年間にわたって読めるように編集されています。

例えば1月2日は「自分の意志」というタイトルで、以下のように述べています。

〈人間は、見方によれば、九〇パーセントまでは運命によって決められている、と言ってよい。残り一〇パーセントを自分の意志で左右することができるのだ〉

身も蓋もないように聞こえますが、これぐらいに考えて肩の力を抜いたほうがいいということでしょう。すべて自力で乗り越えるとか、自分の決断で人生を変えなければと思い込むと疲れます。それなら、努力してもしなくても10%の差だと考えればいいということです。

若いうちは、努力しだいで何とでもなると信じたいところでしょう。それは大事なことだと思います。しかし年齢を重ねて振り返ってみると、実は誰かとの出会いが大きかったり、偶然が重なっていたりして、結局天命のままに生きてきただけだったと感じるのかもしれません。

むしろ問題なのは、無理をして心を病んだり、体調を崩したり、道を誤ったりすることでしょう。がんばれる人はがんばればいいいし、がんばれない人はがんばらなくてもいい。その差はせいぜい10％、ということだと思います。別にがんばった人が偉いわけではなく、がんばる人はもともとがんばる運命だったと解釈することもできます。

それを、明らかにがんばって成功した松下幸之助が言っているからこそ含蓄があるわけです。また多くの中高年も、この言葉には案外共感しやすいのではないでしょうか。「あのとき、ああすればよかった」と後悔する場面もあるかもしれませんが、結局どう転んでもこういう人生だったと感じている人が多い気がします。

もう一つ、こういう「運命論」を踏まえ、1月4日には日々の仕事への心構えについて述べています。

〈自分の適性に生きて、喜びをもってきょうの日の仕事に徹する――それが勇気のある人だと私は思うのです。一つのことでも、こんな仕事はという、とざされた考え方もあれば、こんな仕事をすることができると考える、ひらかれた心もある。前者は運

命につぶされ、後者は運命に従って運命に優遇される人なのです。あなたはどこまでも後者でなければなりません。〉

目の前の仕事に、嫌々取り組むか喜んで取り組むか。後者なら運命が味方してくれるということです。

これは、神がかり的な話ではありません。どんな仕事も1人で完結することはなく、かならず複数の人と関わりながら進められます。

そのとき、もし自分と関わる人にやる気が感じられなかったり不貞腐れていたりしていたら、二度と一緒に仕事したいとは思わないでしょう。

もちろんそれは、周囲の人も同じこと。必然的に当人は仕事を失うか、閑職に追いやられるはずです。これが「運命につぶされ」る状態です。

反対に前向きに取り組む人なら、周囲の人も気持ちよく関われます。多少ミスがあったとしても、フォローしてあげようという気になるでしょう。これが「運命に優遇される人」だと思います。

そう考えると、至極真っ当です。人間である以上、機嫌が悪い日もあると思いますが、それを表に出さないのが大人というもの。それも「経営の神様」の言葉だけに、真実味があります。神様と運命を味方につけたいなら、覚えておいて損はありません。

スティーブ・ジョブズの「シンプルを貫く言葉」

今、世界でもっとも大きな企業はアップルです。世界的な大企業がひしめくアメリカにおいて、時価総額1位。つまり、世界を席巻した感のあるマイクロソフトやグーグル（アルファベット）なども上回っているわけです。世界中のあらゆる企業と比較してもトップです。

その礎を築いたのが、周知のとおりスティーブ・ジョブズ。突然従業員を解雇するような激しさも持ちながら、ＩＴの分野で文字どおり世界を変えました。私たちもその恩恵を十二分に受けているわけで、今なお広く尊敬を集めるのは当然かもしれません。

ジョブズが製品のデザインに完璧を求めたことは有名です。しかし経営者としても、卓越した判断力と圧倒的な押しの強さを持っていました。それを象徴するのが、以下の言葉です。

〈なにをしないかを決めるのは、なにをするのか決めるのと同じくらい大事だ。会社についてもそうだし、製品についてもそうだ〉

（『スティーブ・ジョブズⅡ』ウォルター・アイザックソン著　井口耕二訳／講談社）

創業から9年後の1985年、ジョブズは自ら招いたCEOによって閑職に追いやられ、アップルを去ります。それから11年後1996年、倒産寸前に陥っていた同社に復帰し、立て直しを図ることになりました。

そのとき、ジョブズが最初に行ったのが、従業員と製品の大リストラ。従業員を3000人削減するとともに、それまで膨大な数に膨れ上がっていた製品を各分野4種類に絞り込みます。それもホワイトボードに「田」の字を書き、上部に「消費者」「プロ」、左側に「デスクトップ」「ポータブル」と書くのみ。それぞれの枠に入る製品だけ作れ、という戦略です。

このうち消費者向けのデスクトップが「iMac」となり、ポータブルが「MacBook」として結実しました。これを機に、アップルは黒字に転換します。

90年代後半といえば、マイクロソフトのウィンドウズが爆発的に普及していた時代です。その中でアップルとしてどう対抗すべきか、おそらくジョブズの頭の中ではビジョンが描けていたのでしょう。真正面からぶつかるのではなく、持てる資源を集中して独自路線を歩むということです。

そのためには、荷物を軽くしなければならない。そう判断するや、社内の多くの反対を押し切って一気に舵を切れるところが、経営者としてのジョブズの強みであり、「深み」だと思います。

もう一つ、ジョブズを象徴するキーワードが「Think Simple」。長く身近で接してきたクリエイティブ・ディレクターのケン・シーガルの著書『Think Simple』（林信行監修　高橋則明訳／NHK出版）によれば、ジョブズは常に「シンプルの杖」を持っていたとのこと。製品のデザインのみならず、社内の組織も、ふだんのコミュニケーションも、広告も、絶対的な価値基準が「シンプルであること」だったそうです。

それを端的に表したのが、iPhoneです。それまでの携帯電話は、番号ボタンをはじめ大量のボタンが付いていました。それに対してiPhoneは、ボタンをたった1つに絞ることにこだわった。仮に3つに絞っても画期的でしたが、それは認めない。「1よりシンプルな数字はない」というのが、その理由だそうです。

おかげで、見た目は非常にシンプルで、初心者にも使い勝手のいい製品に仕上がったわけです。もちろん、それを実現するために、技術面やデザイン面で多大なエネルギーが注がれたことは言うまでもありません。

私なりに座標軸で整理すると、縦軸の上を「深い」、下を「浅い」、横軸の左を「複雑」、右を「シンプル」とした場合(左図)、一般的には左上(第2象限)の「深い」「複雑」か、もしくは右下(第4象限)の「浅い」「シンプル」の製品やサービスが多いように思います。ボタンやレバーがたくさん付いた製品は、それだけユーザーの複雑なニーズに対応しようとしているのでしょう。

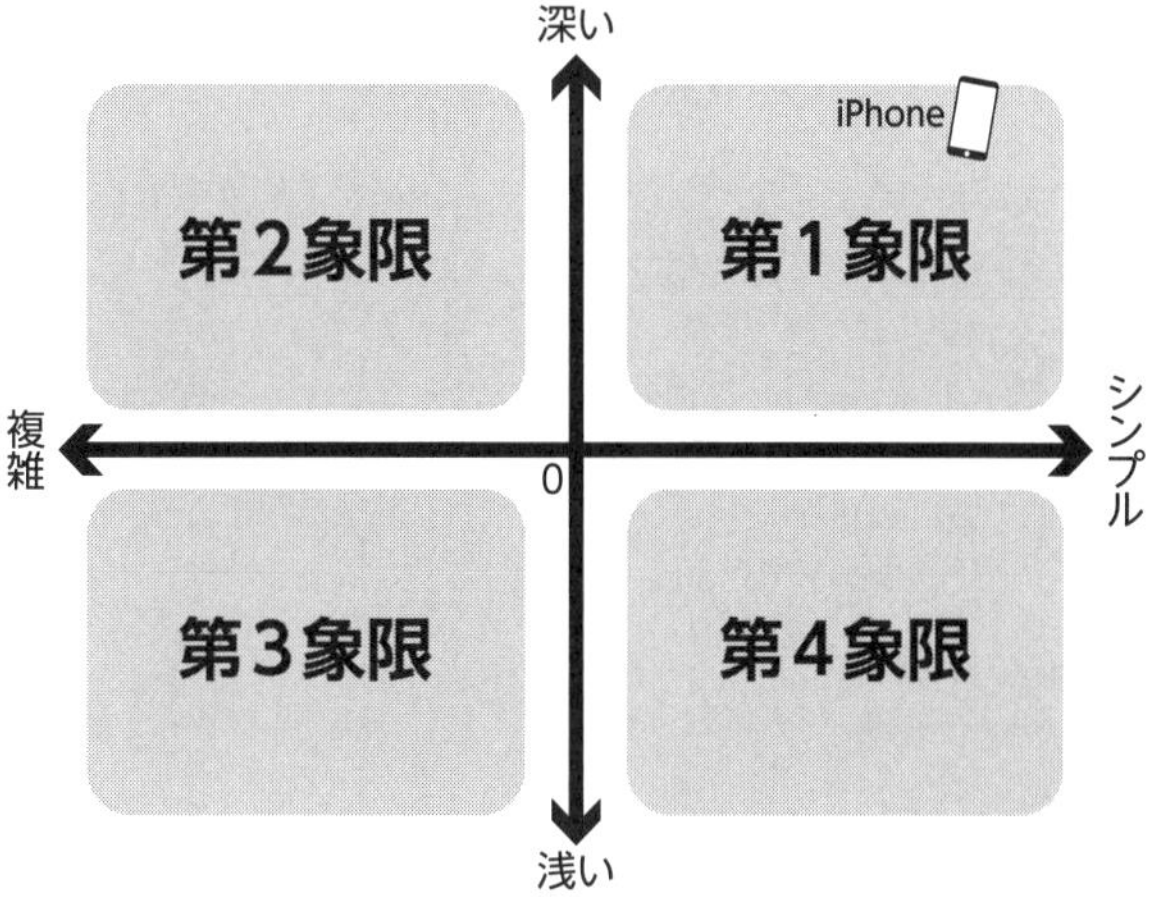

しかしiPhoneをはじめとするアップルの製品やサービスは、徹底的に右上（第1象限）の「深い」「シンプル」を追求している。おそらく市場的にはブルーオーシャンですが、技術的には二律背反を追求するようなものかもしれません。

つまり「Think Simple」というコンセプトの背景には、その言葉だけでは表現し切れないほどの「深み」がある。そこに挑戦し続ける姿勢があるからこそ、アップルは世界中のファンを魅了して止まないのでしょう。

メッシがプレーで証明する「献身の言葉」

2022年FIFAワールドカップ・カタール大会の主役は、間違いなくアルゼンチン代表のリオネル・メッシでした。キャプテンとしてチームを36年ぶりの優勝に導いただけではなく、本人は5回目の出場で初優勝。過去の大会を含めた最多出場試合数と最多出場時間の記録も更新しました。文句なしで大会MVPにも選ばれています。

おそらくメッシは、サッカー界における最高峰の選手でしょう。もちろん、アルゼンチンのみならず世界中に無数のファンがいるわけですが、私もその一人だと自覚しています。何しろ2004年にスペインリーグのFCバルセロナでデビューして以来、出場したほぼ全試合をTV観戦してきました。それも、ニュース番組等のハイライトシーンではダメ。メッシの一挙手一投足をすべて目に焼き付けたいと思うのが、本当のファンだと信じています。

なぜ、そこまでメッシに惹かれるのか。魅力はいくつもありますが、一つは稀代のアシスト王であるということです。自らゴールを決めるだけではなく、他の選手がゴールを決めるお膳立てが上手い。つまり、それだけチームプレーに徹しているわけです。

ところが私の見る限り、チームメイトのネイマールやスアレスといったスーパースターのフォワードは、メッシからの絶妙のパスを何度も外してきました。それでも落胆の表情をまったく見せず、すぐ次のプレーに向かうのがメッシです。逆に誰かがゴールを決めれば、誰よりも喜びを爆発させるわけです。

おそらくメッシは、小さいころから自分の決定的なパスをチームメイトに台無しにされる経験を繰り返してきたのでしょう。だからこれも運命だと、今さら動じないのだと思います。

実際、メッシは以下のように述べています。

〈お金は生活をよくするけど、僕がインスピレーションを受けるものではない。僕がサッカーをするのは経済的な利益からじゃない。なによりチームのためにプレーする

のであって、自分のためにプレーするわけじゃないんだ。〉

（英国タブロイド紙『The Daily Mirror』のインタビューより）

長くプレーを見ていると、「チームのためにプレーする」というメッシの言葉が口先だけではないことがよくわかります。むしろ、この言葉の意味を深く噛みしめることのできる人だけが、真のメッシファンという気がします。

先のワールドカップでもそうでした。一次リーグの最初のサウジアラビア戦で、優勝候補だったはずのアルゼンチンは敗北して世界を驚かせます。しかし後がなくなった状態で臨んだ次のメキシコ戦では、メッシが鬼気迫るプレーを見せてチームに勝利をもたらしました。それ以降、メッシはチームのために、チームはメッシのために戦うという一体感が生まれ、ついに世界の頂点に立ったわけです。

また、メッシはチームメイトだけでなく、相手選手へのリスペクトも持ち合わせています。

サッカーにラフプレーはつきもので、特にメッシはそのターゲットになってきました。他に止める手段がないからです。しかしよほどのことがないかぎり、それでメッシが熱くなることはありません。先のパスと同様、小さいころからずっと蹴られたり倒されたりの人生だったので、もう慣れてしまったのでしょう。

一方、自らがラフプレーに走ることもないし、レッドカードを受けたこともごくわずかです。プレーは常にフェアだし、冷静だし、見ていて気持ちがいい。世界中に無数のファンがいるのも頷けます。スポーツの世界にスーパースターと呼ばれる選手はたくさんいますが、メッシほど人格的にも深く尊敬を集める選手は、そう多くはいないでしょう。

そのことがよくわかるシーンが、先のワールドカップでありました。準決勝に勝利した後、アルゼンチンの女性スポーツジャーナリストとのやりとりです。日本でも話題になったので、記憶されている方も多いでしょう。ジャーナリストは質問ではなく、「これだけは言わせて」とメッシに語りかけます。

〈誰もが優勝を願っているけど、結果がどうであれ、あなたはあなたです。あなたの思いは私たちの心に届いている。これは本当のことよ。

どの子もあなたのユニフォームを着ている。本物ではなく偽物や手作りかもしれない。でもあなたはあらゆる人の人生に刻まれている。それは勝利よりも大切なこと。

こんなにも多くの人に多くの幸せの時間をくれてありがとう。それを心に留めてほしい。優勝より大切なものを、すでにあなたはもたらしている。だからありがとう。〉

少し照れくさそうに、笑みを浮かべながら聞き入るメッシの姿が印象的でした。実は過去に4度、ワールドカップに中心選手として出場していながら優勝には届かず、国内でずいぶん叩かれた時期もありました。それだけに、この言葉でメッシ自身も救われたかもしれません。これまでの苦労も貢献もわかる人にはわかるという、たいへん「深み」のあるやりとりだったと思います。

二刀流・大谷翔平の「夢を現実に変える言葉」

小学生のころ、私は偉人伝的な本を片っ端から読み漁っていました。その中でも強く印象に残ったのが、言わずと知れたベーブ・ルース。ホームラン王でありながら優秀なピッチャーでもある〝二刀流〟で、1シーズンに2桁ホームラン、2桁勝利を挙げた唯一の選手でした。

私の子どものころは長嶋茂雄選手・王貞治選手の全盛期でもあったので、遊びといえばまず野球です。だから余計に、「アメリカにはこんなすごい選手がいたのか」と驚いた覚えがあります。

それからおよそ50年を経て、まさか本場アメリカでベーブ・ルースと肩を並べる選手が、見方によっては上回る選手が、しかも日本人の中から現れるとは思ってもみませんでした。同時代に生きて、リアルタイムに観戦できることを感謝するばかりです。

大谷翔平選手の活躍については、もはやどのような紹介も賛辞も不要でしょう。すでに偉人伝が書けそうな、生けるレジェンドです。

ただ注目すべきは、その土台となっているものの考え方。すでに高校時代から、メジャーリーグに行くことやWBCに出場することなど、詳細な人生設計を立てていたことは有名です。それを記した「人生設計ノート」にあるのが、以下の言葉です。

〈人生が夢を作るんじゃない。夢が人生をつくるんだ。〉

はじめに目標ありき、ということでしょう。どういう選手になるかは自分で決めることができるのだという、一種の全能感に満ちています。まさに今、人生を作っている若い人の言葉です。

しかも、それを見事に実践しているところがすごい。例えば高校時代や日本ハムファイターズに入団したころと今を比べると、今の身体は別人のように大きくなっています。身長はさほど変わらないはずなので、筋肉量が圧倒的に増えているということです。

あれだけの身体をつくるには、不断のトレーニングが欠かせません。実際、他の選手のように飲み歩くこともないし、オフシーズンにテレビ番組に出ることもほとんどありません。夢が人生とともに、その基盤となる身体もつくっているわけです。

言い換えるなら、それだけ最高峰の舞台でハイレベルな戦いに挑んでいるということでもあります。何しろベーブ・ルース以降、二刀流はおよそ100年にわたって前例がないため、トレーニングの方法も自分で決めるしかない。少なくとも、他の選手の2倍相当の練習が必要になってくるでしょう。

そうすると、やはり本人がなりたい選手像をイメージし、そこに向かって突き進むしかない。「夢が人生をつくる」はけっして大言壮語ではなく、そういう将来をしっかり見据えていたということです。10代でそこまで考え、20代でそれを貫いて現実を掴んでいること自体に「深み」を感じます。

それに、野球のトレーニングのことばかり考えていたわけでもありません。やはり高校時代、野球部の恩師に指導されて書いたという「目標達成シート」もすっかり有名になりました。9×9マスの中心に「ドラ1　8球団」という目標を掲げ、そのために必要な条件8項目を周辺の8マスに書き込み、さらにその8項目をクリアするために必要な要素8項目を外側の8マスに書き込む。その形状から「マンダラチャート」とも呼ばれます。

それを見ると、かならずしも野球の技術や体力についてばかりではなく、例えば「運」や「人間性」も条件として挙げています。またその要素には、「感謝」「思いやり」「あいさつ」「本を読む」などもあります。

一見すると野球とは関係なさそうですが、トータルで優れた野球選手になるには、こういう要素も欠かせないと考えたのでしょう。そして今なお、その一つ一つをきちんと積み上げている。その土台があってこそ、今日の活躍につながっているのだと思います。

例えば、これだけハードなチャレンジを続けているにもかかわらず、常におだやかで朗らかな表情を浮かべているのも「目標達成」の一環なのかもしれません。日々いろいろ努力し、摂生しているはずですが、けっして「ストイック」な感じではない。努力も摂生も、むしろそれ自体を楽しんでいるように見えます。

その姿は、もはや一野球選手というよりブッダのようでもあります。「夢が人生をつくる」も絵空事ではなく、常に不平・不満を言いたがる私たちに対する尊い教えなのかもしれません。

ところで、先に挙げた松下幸之助は「人生の90％は運命によって決められている」と述べました。全能感のある大谷選手とは正反対のようです。

しかし私は、ここに大きな違いはないと考えています。大谷選手が自らの力で運命を切り開いていることは間違いありません。ただし、出会った指導者や仲間によってさらに飛躍したり、逆に壁になったりどいう部分も少なからずあるはずです。またそういうことは、年齢を重ねた後になって気づくものではないでしょうか。もっとも大谷選手の場合、いかなる偶然も実力によって強運に変えてしまうかもしれません。

かく言う私の場合、『声に出して読みたい日本語』（草思社）を出してベストセラーになったのは40歳のときです。ただ、美しい日本語の文章を声に出して読むというスタイルを教えていただいたのは、高校時代の国語の小倉勇三先生でした。

刊行前にふとそれを思い出し、久しぶりに先生にご連絡をして事情を説明し、ゲラまで読んでいただくことになりました。ゲラの返却の際に「いい本を作るね」と言っていただいたときには、二十数年を経てあらためて先生の教えに感謝し、先生のおかげで今の自分があると実感したものです。

中高年になると、これまでの出会いや周囲の善意にあらためて気づくことが多くなると思います。一方で「人生100年時代」と言われ、まだまだ長い後半戦が残っています。これから何をするかは、誰もが抱える大きな課題でしょう。

そこで大谷選手を見習い、あらためて「人生設計ノート」や「目標達成シート」を書いてみてもいいかもしれません。端的に言えば、「夢は何ですか」と自分に問いかけるわけです。

「運命」や「感謝」をそこそこ経験している分、より現実的で、しかも周囲に「感謝」をお返しするような、「深み」のあるノートやシートを描けるのではないでしょうか。

藤井聡太の強さを作る「真理を探求する言葉」

「ブッダ」とはお釈迦様（ゴータマ・シッダールタ）ただ一人を指すわけではなく、「悟りを開いた人」「目覚めた人」という意味です。その観点で言えば、今の日本にも、若きブッダがいます。将棋界の藤井聡太さんです。

その驚異的な強さについては、やはり紹介の必要はないでしょう。また多くを語る方ではありませんが、ときどき発する言葉には非常に含蓄があります。有名になったのは、2019年のあるイベントで「将棋の神様がいたとしたら、何をお願いする？」と問われたときの返答でしょう。

〈せっかく神様がいるのなら、一局お手合わせをお願いしたい。〉

一見すると単なるジョークですが、藤井さんの言葉だけに、もう少し深く読みたくなります。

「神様ならはかり知れないほど強いだろう」という前提の下、対局して自分の実力を試したいということだと思います。つまり、神様から学ぼうとしているわけです。

おそらくこれが、藤井さんの強さの一端だと思います。どんな対局でも、常に学ぶ姿勢を忘れない。天才的な能力に加え、研究を重ねて吸収し続けているからこそ、たちまちトップクラスに昇り詰めたのでしょう。

ちなみに現代の将棋界の神様といえば、実力の上ではAIです。残念ながら、人間の棋士では太刀打ちできないとされています。ところが藤井さんは、AIすら読み切れなかった最善手を指すことがしばしばあるらしい。「神様とのお手合わせ」は、けっこういい勝負になるかもしれません。

これだけの強さを持っていながら、本人としてはまだまだ学び足りないようです。2022年2月、タイトル5冠を達成した翌日の記者会見で「富士山に例えれば今は何合目?」と問われ、以下のように述べています。

〈将棋はとても奥が深いゲームで、どこが頂上なのかはまったく見えない。頂上が見えないという意味では、森林限界の手前というか、まだまだ上のほうには行けていないかなと思います。〉

いかにも藤井さんらしい、謙虚ながらも格調高い言い回しです。ちなみに「森林限界」とは、低温や乾燥など環境によって森林が生育できなくなる境界線のこと。富士山の場合は、だいたい5合目付近にあるとされています。藤井さんでさえ5合目の手前にいるとすれば、将棋の世界がいかに奥深いかがわかります。

たしかに以前、将棋界のレジェンドである羽生善治さんも、「将棋盤の上には無限の宇宙が広がっている」という話をされていたことがあります。突き詰めれば突き詰めるほど、さらにその先の存在に気づけるのかもしれません。

おそらくこれは、将棋に限った話ではないでしょう。どんな分野や仕事であれ、奥は深いものです。例えば物理学者アイザック・ニュートンは、「私は浜辺で遊ぶ少年のようなもの。ときどききれいな小石や貝殻を見つけて夢中になっているに過ぎない。真理の大海は未発見のまま、目の前に広がっているのに」という言葉を残しています。

世の中の物理法則を懸命に探求しているからこそ、なかなか到達できない未知の「真理の大海」があることを知っている、というわけです。そこには自分に対する無力感もあるでしょうが、膨大な探求の余地があることも意味しています。それに気づいてチャレンジすることは、もちろん苦しみもありますが、喜びや楽しみのほうが大きいのではないでしょうか。

むしろ問題は、ある程度の経験を積んだだけで、すべてわかったような気になってしまうことです。その時点で自分の成長は止まるわけで、日常も味気ないものになるかもしれません。

これまでも述べてきましたが、どんなものにも「深み」はあるという前提で周囲を眺めれば、世の中は案外捨てたものではない、ということに気づけると思います。その先頭を走るのが、世の天才たち。私たちが天才の領域に近づくことは難しいかもしれませんが、彼らの姿勢に学ぶことはできるはずです。

志村けんの「マンネリを武器にする言葉」

2021年3月に放送されたNHKの番組「プロフェッショナル 仕事の流儀」の「志村が最後に見た夢～コメディアン・志村けん～」は、たいへん話題になりました。突然の訃報から約1年後でしたが、志村さんがどれほどお笑いに心血を注いでいたか、あらためてよくわかったからです。

番組の中で、例えば志村さんはこんな話をされていました。

〈マンネリが僕、好きなんですよ。毎回見ても面白いのが理想。マンネリって言われるのが、全然怖くもなんともないですよね。〉

たしかに「バカ殿」にしろ「変なおじさん」にしろ、いったい何年演じ続けたのだろうと思うほど定番のキャラクターでした。しかも白塗りの顔だったり、ダボシャツステテコ腹巻き姿だったり、きわめてシンプルに笑いを取るスタイルです。あるいは、ベテランと呼ばれるようになってお笑いを仕切る側、評価する側に変わるお笑い芸人が多い中、志村さんは一貫してコントや舞台の主役であり続けました。

では見る側は飽きたかといえば、そんなことはありません。定番の展開、定番のオチがわかっていても、やはり何度でもつい笑ってしまう。そこまで突き詰めて繰り返したところに、志村さんならではの芸人魂と〝お笑い道〟のようなものを感じます。ある種の文化を作り、歴史を作ったとも言えるでしょう。

実際、私たちは定番を求めるところがあります。例えば音楽のコンサートでも、新曲ばかりでは少々寂しい。ファンなら、往年のヒット曲を何度でも聞きたいと思うものです。ちなみにフォークデュオのゆずは、そういうファンの心理に応えるべく、どんなライブでも「夏色」と「栄光の架橋」の2曲はかならず歌うと決めているそうです。

志村さんはまた、周囲の人に対するお金の使い方がなかなか〝豪快〟だったことでも知られていました。後輩から「娘が病気で300万円必要」と泣きつかれ、翌日にはポンと1000万円を提供したとか、実はそれが後輩の嘘だったと聞かされても「お金は天下の回りものだ」と一笑に付して返却さえ求めなかったとか。番組収録後に大勢で飲みに行き、その代金はもちろん、全員のタクシー代まで出していたとか。親交の厚かった故上島竜兵さんによれば、奢ってもらった金額の合計は「億いくかも」だそうです。

もちろん、それだけ収入が多かったということでもありますが、お金の使い方には人間性が出ます。いわゆる〝太っ腹〟の人は大きく見える。浪費はだらしないだけですが、逆にケチな人は小さく見えます。少なくとも「深み」は感じないでしょう。

特に中高年にとって、お金の使い方は個人というより社会の大きな課題だと思います。よく言われるとおり、日本には2000兆円を超える個人金融資産があります。そのうち6割以上を60歳以上が持っています。問題は、その多くが滞留したまま動かないこと。長く成長が止まったままの日本経済ですが、その一因はここにあると言われています。

志村さんの言うとおりお金は天下の回りもので、回るからこそ経済も回り、全員が豊かになれるわけです。逆に回らなければ、特にお金を持っていない若い人に届きません。

「老後の資金が心配」という声もあるでしょうが、老後にいくら必要かはだいたいわかるはず。それ以上の蓄財はムダと心得ても、バチは当たりません。

飲み歩いて散財することを推奨するわけではありませんが、消費・投資した分は自分にもリターンがあります。後半生を楽しむ意味でも、また社会貢献の意味でも、ある程度のお金を持っている中高年こそ、元気なうちに積極的に消費や投資をして循環の〝ポンプ役〟を果たすべきではないでしょうか。

樹木希林の「〝難〟を楽しむ達観の言葉」

私の記憶によれば、まだ若いうちからおばあさん役が板についていた女優ナンバーワンは樹木希林さんでした。往年の名作ドラマ「寺内貫太郎一家」では、実年齢が30歳代前半でありながら70歳の役を演じています。

一般的に、女優さんと言えばできるだけアンチエイジングにチャレンジしたくなるものだと思います。あるいは男性でも女性でも、いつまでも若々しくありたいという気持ちはあるでしょう。ところが樹木さんの場合は、もとよりそんな気はなかったらしい。例えば以下のように述べています。

〈私の場合には、年を取ることに対して、一切ストップをかける気持ちがないんです。だから私は『老いる』ということに対して、恐怖もなければ、嫌だなあという罪悪感もない。〉

（『熱風』2013年6月号インタビューより）

樹木さんは、独特の存在感を醸す女優さんでした。プライベートでもいろいろ話題になった方でしたが、エッセイを書かれたり、雑誌でインタビューに答えたり等々、自ら発言される方でもありました。内容は自然体であり、ときどき辛辣であり、しかし独特のユーモアや鋭い洞察もあって面白い。さまざまな人生経験を積んできた人ならではの、「軽み」と「深み」が感じられます。

例えばロックンローラーの内田裕也さんと結婚されて、世間的にはいろいろ苦労を抱え込んだように見えていました。しかし、ご本人の意識はまったく違ったようです。

〈私は「なんで夫と別れないの」とよく聞かれますが、私にとってはありがたい存在です。ありがたいというのは漢字で書くと「有難い」、難が有る、と書きます。人がなぜ生まれたかと言えば、いろんな難を受けながら成熟していくためなんじゃないでしょうか。〉

（『不登校新聞』２０１４年12月15日掲載記事より）

まるで説法のようなお話ですが、そのとおりかもしれません。難はできるだけ避けたいところですが、それを受け止めて乗り越えてこそ成長できる。そのために結婚したと開き直っているようで、難と言いつつ悲壮感はありません。

また別のインタビューでは、「結婚は分別がつかないうちにするもの」とも述べていました。「分別がついたら、あんなものはできなくなる」そうで、私もその記事を読んで大笑いした覚えがあります。いろいろ経験した方だから言える実感でしょう。

内田さんとの結婚生活は実質的に1年半だけで、それから先はずっと別居状態だったそうです。ただ、離婚には至っていません。お互いに非凡な方だからこそ、常人の範疇を超えた関係性でつながっていたとも言えます。むしろ難を楽しむぐらい、日々を達観していたのではないでしょうか。

珍味の貝ひもは最初のうちは硬いのですが、我慢して噛んでいるうちにだんだん柔らかくなり、味が出てきます。あくまでも私の推測ですが、樹木さんにとって結婚とは、ちょうど貝ひものような味わいだったのかもしれません。

そして晩年、全身がんであることを告白されるわけですが、老いや病気との向き合い方にも達観が感じられます。

〈あのね、年をとるっていうのは本当に面白いもの。年をとるっていうのは絶対に面白い現象がいっぱいあるのよ。だから、若い時には当たり前にできていたものが、できなくなること、一つずつを面白がってほしいのよ。〉

60歳を過ぎた私も、この言葉にはおおいに共感します。年齢とともに心身が衰えるのは自然の摂理です。それをネガティブに捉えてもきりがありません。いかに「面白がる」かは、意思の力だと思います。

例えば私も、昨今は本の校正作業などをしていると、すぐに飽きてしまいます。若いころは徹夜も平気だったのに、今はまったくできません。一気に駆け上がれたはずの階段も、今は一段ずつゆっくり昇ることが増えました。これらはもう仕方がないと割り切っています。

あるいは、固有名詞がなかなか出てこないという状況にも直面しています。こういうとき、スマホで調べればすぐに出てくるのですが、あえて調べずに〝ゲーム化〟することもあります。とにかく思考をめぐらして思い出す努力をしてみるわけです。場合によっては、このゲームを一日に何度もプレーすることがあります。若い人にはけっしてできない、中高年ならではの楽しみ方でしょう。

もう一つ、がんに冒されたことについて、樹木さんは「この肉体は借り物だから」と仰っています。これは完全にブッダの考え方です。「肉体というものを忘れなさい」「この肉体にまつわる欲望も、あなたのものではない」というのがブッダの教えです。

そう考えると、余命いくばくもないとしても、それは借りていた肉体を返すだけだと割り切れます。魂はまた新たな肉体を借りて、この世に戻ってくると思えます。いわゆる輪廻転生の考え方です。

そこまで本当に信じられるかどうかはともかく、逃れられない身体と心の痛みを軽くするのが宗教の教えです。やがて誰にも確実に訪れる死を「怖くない」と思えるようになったとしたら、その心は相当に強いと言えるでしょう。

おわりに――「自己本位」のすすめ

若き日に英語教師だった夏目漱石は、30歳を過ぎたころ、文部省から英語教育の研究のためにロンドンへの留学を命じられます。

ところが、現地での勉強に違和感を覚え、また生活にも馴染めません。一方では国費で留学している以上、何らかの成果を出さなければという焦りもある。時代が時代だけに、欧米人に対するコンプレックスもある。その結果ノイローゼに陥り、文部省内に「夏目発狂」という噂まで立つほどでした。

しかしこのとき、漱石は長い苦悩の末に一つの言葉に出会います。それが「自己本位」です。周囲からの期待や評価を気にするのではなく、自分なりの文学の道を切り開こうと決めたわけです。

それから十数年後の晩年、漱石はこの一連の経緯を学習院（現・学習院大学）での講演で語ります。その一語一句は、後に「私の個人主義」という作品としてまとめられました。「私は多年の間懊悩《おうのう》した結果ようやく自分の鶴嘴《つるはし》をがちりと鉱脈に掘り当てたような気がしたのです」と歓喜の瞬間について語った後、学生たちに熱くメッセージを送ります。

〈もし途中で霧か靄《もや》のために懊悩していられる方があるならば、どんな犠牲を払っても、ああここだという掘当てるところまで行ったらよろしかろうと思うのです。必ずしも国家のためばかりだからというのではありません。またあなた方のご家族のために申し上げる次第でもありません。あなたがた自身の幸福のために、それが絶対に必要じゃないかと思うから申上げるのです。もし私の通ったような道を通り過ぎた後なら致し方もないが、もしどこかにこだわりがあるなら、それを踏潰すまで進まなければ駄目ですよ。〉

これは若い人のみならず、今の中高年にもピタリと当てはまるのではないでしょうか。むしろこれから「第二の人生」をスタートさせようとしている方なら、会社や社会に縛られることもなく、存分に「自己本位」を発揮しやすいと思います。「掘当てる」「踏潰す」ための経験や勘どころも、時間的余裕もあるはずです。

ここまで、さまざまな事例を挙げながら、人間の「深み」とは何かを考えてきました。それは結局、他者と競うものでも誇るものでもなく、どれだけ「自己本位」に生きられるか、という問いでもあるような気がします。

「自己本位」といっても、年輪を重ねた人は、ルール破りの自己中心的な行動はしません。孔子は、こう言います。

「七十にして己の欲する所に従えども矩《のり》を越えず（七十歳になり、やりたいようにやっても道徳の基準を外れることはなかった）」

これは自由自在の境地です。

何か柱になるもの、信じるものを持っている人は強いし、そういう人の言動には自ずと「深み」が生まれる。すでに持っている方はぜひ大事にしつつ常にアップグレードしていただきたいし、持っていない方はこれから掘り当てていただきたいと思います。
本書が、多少なりとも鶴嘴の役割を果たせれば、著者として望外の喜びです。

齋藤　孝　さいとう・たかし
1960年、静岡県生まれ。東京大学法学部卒業。同大学院教育学研究科博士課程等を経て、現在明治大学文学部教授。専門は教育学、身体論、コミュニケーション論。日本語ブームをつくった『声に出して読みたい日本語』(草思社／毎日出版文化賞特別賞)をはじめ、『読書力』(岩波新書)、『大人の語彙力ノート』(SBクリエイティブ)などベストセラー著書が多数ある。テレビ・ラジオ・講演等多方面で活躍。NHK Eテレ「にほんごであそぼ」総合指導。

朝日新書
918
「深《ふか》みのある人《ひと》」がやっていること

2023年8月30日第1刷発行
2023年9月20日第2刷発行

著者　齋藤　孝

発行者　宇都宮健太朗
カバーデザイン　アンスガー・フォルマー　田嶋佳子
印刷所　凸版印刷株式会社
発行所　朝日新聞出版
〒104-8011　東京都中央区築地5-3-2
電話　03-5541-8832（編集）
　　　03-5540-7793（販売）

Published in Japan by Asahi Shimbun Publications Inc.
ISBN 978-4-02-295227-1
定価はカバーに表示してあります。
落丁・乱丁の場合は弊社業務部(電話03-5540-7800)へご連絡ください。
送料弊社負担にてお取り替えいたします。

歴史のダイヤグラム〈2号車〉
鉄路に刻まれた、この国のドラマ

原　武史

天皇と東條英機が御召列車で「戦勝祈願」の旅。戦犯指名から鉄道で逃げ回る辻政信。太宰治『人間失格』は「鉄道知らず」。落合博満と内田百閒、発車直前の歩調。あの時あの人が乗り合わせた鉄道だけが知っている大事件、小さな出来事――。朝日新聞土曜「be」好評連載の新書化、待望の第2弾。

親の終活 夫婦の老活
インフレに負けない「安心家計術」

井戸美枝

親の介護、見送り、相続や夫婦の年金、住まい、子どもの将来まで、頭が痛い問題が山積みになる定年前後。制度改正の複雑さや物価高も悩みのタネ。人生100年時代、まだ元気なうちに備えておきたいポイントをわかりやすく解説し、老後のお金の不安を氷解させる。

「単純化」という病
安倍政治が日本に残したもの

郷原信郎

政治の〝1強体制〟は、日本社会にどのような変化をもたらしたのか。森友・加計・桜を見る会……。「法令に違反していない」「解釈を変更した」と開き直り、逃げ切る「スタイル」の確立は、「多数決」ですべての物事を押し通せることを示し、分断を生んだ。問題の本質を見失ったままの状態が続く日本の病に、〝物言う弁護士〟が切り込む。

60歳からめきめき元気になる人
「退職不安」を吹き飛ばす秘訣

榎本博明

退職すれば自分の「役割」や「居場所」がなくなると迷い悩むのは間違い！　やっと自由の身になり、これから輝くのだ。残り時間が気になり始める50代、離職して途方に暮れている60代、70代。そんな方々のために、心理学博士がイキイキ人生へのヒントを示す。

アベノミクスは何を殺したか
日本の知性13人との闘論

原　真人

「日本経済が良くなるなんて思っていなかった、でもやるしかなかった」（日銀元理事）。史上最悪の社会実験「アベノミクス」はなぜ止められなかったか。どれだけの禍根が今後襲うか。水野和夫、佐伯啓思、藻谷浩介、翁邦雄、白川方明ら経済の泰斗と徹底検証する。

教育は遺伝に勝てるか？

安藤寿康

遺伝が学力に強く影響することは、もはや周知の事実だが、誤解も多い。本書は遺伝学の最新知見を平易に紹介し、理想論でも奇麗事でもない「その人にとっての成功」（＝自分で稼げる能力を見つけ伸ばす）はいかにして可能かを詳説。教育の可能性を探る。

シン・男がつらいよ
右肩下がりの時代の男性受難

奥田祥子

「ガッツ」重視の就活に始まり、妻子の経済的支柱たることを課せられ、育休をとれば、肩書を失えば、同僚らから蔑視される被抑圧性。「男らしさ」のジェンダー規範を具現化できず苦しむ男性が増えている。誰もが生きやすい社会を、詳細ルポを通して考える。

朝日新書

高校野球　名将の流儀
世界一の日本野球はこうして作られた

朝日新聞スポーツ部

WBC優勝で世界一を証明した日本野球。その「心・技・体」の基礎を築いた高校野球の名監督たちの哲学に迫る。村上宗隆、山田哲人など、WBC優勝メンバーへの教えも紹介。松井秀喜や投手時代のイチローなど、球界のレジェンドたちの貴重な高校時代も。

「深みのある人」がやっていること

齋藤　孝

老境に差し掛かるころには、人の「深み」の差は歴然と表れる。そして深みのある人は周囲から尊敬を集める。だが、そもそも深みとは何なのか。「あの人は深い」と言われる人が持つ考え方や習慣とは。深みの本質と出し方を、人気教授が解説。

天下人の攻城戦
15の城攻めに見る信長・秀吉・家康の智略

渡邊大門／編著

信長の本願寺攻め、秀吉の備中高松城水攻め、真田丸の攻防をはじめ、戦国期を代表する15の攻城戦を徹底解剖！「城攻め」から見えてくる3人の天下人の戦術・戦略とは？　最新の知見をもとに、第一線の研究者たちが合戦へと至る背景、戦後処理などを詳説する。

新しい戦前
この国の〝いま〟を読み解く

内田　樹
白井　聡

「新しい戦前」ともいわれる時代を〝知の巨人〟と〝気鋭の政治学者〟は、どのように捉えているのか。日本政治と暴力・テロ、防衛政策転換の落とし穴、米中対立やウクライナ戦争をめぐる日本社会の反応など、歴史の転換期とされるこの国の〝いま〟を考える。